rowohlts monographien

HERAUSGEGEBEN

VON

KURT KUSENBERG

HECTOR BERLIOZ

IN
SELBSTZEUGNISSEN
UND
BILDDOKUMENTEN

DARGESTELLT
VON
WOLFGANG DÖMLING

ROWOHLT

Dieser Band wurde eigens für «rowohlts monographien» geschrieben
Den Anhang besorgte der Autor
Herausgeber: Kurt Kusenberg · Redaktion: Beate Möhring
Umschlagentwurf: Werner Rebhuhn
Vorderseite: Hector Berlioz. Fotografie von Pierre Petit, 1863.
Musée de Dieppe
Rückseite: Artillerie-Konzert. Karikatur von Grandville.
Zum Glück ist der Saal solide, er hält es aus.
Bibliothèque Nationale, Paris

Veröffentlicht im Rowohlt Taschenbuch Verlag GmbH,
Reinbek bei Hamburg, Juni 1977
© Rowohlt Taschenbuch Verlag GmbH, Reinbek bei Hamburg, 1977
Alle Rechte an dieser Ausgabe vorbehalten
Satz Aldus (Linotron 505 C)
Gesamtherstellung Clausen & Bosse, Leck/Schleswig
Printed in Germany
680-ISBN 3 499 50254 2

INHALT

BERLIOZ HEUTE	7
IN DER PROVINZ	8
STUDIUM IN PARIS	17
«SYMPHONIE FANTASTIQUE»	35
UNFREIWILLIGE IDYLLE: ROM	41
TRIUMPHE – NIEDERLAGEN	47
OPER UND DRAMATISCHE SYMPHONIE	62
MONUMENTALMUSIK	70
ALS DIRIGENT AUF REISEN: DEUTSCHLAND UND ÖSTERREICH	75
RUSSLAND – ENGLAND – DEUTSCHLAND	88
RESIGNATION IN PARIS	98
OPÉRA DE CONCERT UND ORATORIUM	105
BERLIOZ ALS SCHRIFTSTELLER	110
NOCH EINMAL: VERGIL UND SHAKESPEARE	114
BERLIOZ UND WAGNER	120
NOCH EINMAL: ESTELLE	125
EIN LANGSAMES ENDE	127
ZEITTAFEL	138
ZEUGNISSE	140
ANMERKUNGEN	143
WERKVERZEICHNIS	149
LITERATURHINWEISE	151
DISKOGRAPHIE	153
NAMENREGISTER	155
ÜBER DEN AUTOR	158
QUELLENNACHWEIS DER ABBILDUNGEN	158

Hector Berlioz. Lithographie nach dem Gemälde von Émile Signol (1831/32)

BERLIOZ HEUTE

Von einer Aktualität Berlioz' im gegenwärtigen Musikleben zu sprechen, hieße vorerst eher einen Wunsch zu formulieren als die Realität zu beschreiben; und sie für eine nahe Zukunft zu prophezeien wäre gewagt. (Die Rede ist vom deutschen Musikleben. England hegt eine hartnäckige Vorliebe für Berlioz; von dort kamen auch die Impulse für die neuere Berlioz-Forschung und für den großen Schallplattenzyklus.) Mit der Musik Liszts und Mendelssohns – um nur Zeitgenossen zu nennen – teilt diejenige Berlioz' die weitgehende Verbannung aus dem Konzertrepertoire, in dem diese Werke noch vor zwei Generationen eine unbestreitbare Rolle gespielt hatten. Was Berlioz betrifft, so lassen sich für dieses Schwinden des Interesses mehrere Gründe nennen. Zum einen hat das – von der Romantik bis zum Expressionismus dominierende – allgemeine Leitbild des Helden-Künstlers, das in Berlioz' Biographie und Œuvre (die man umstandslos zusammenzuwerfen pflegte) in exemplarischer Weise, nämlich in genialischer Extremisierung, verkörpert schien, an Attraktivität verloren; zum zweiten ist – das trifft Berlioz' Instrumentalwerke, zusammen mit denjenigen Liszts – ein zentrales ästhetisches Fundament brüchig geworden, die allgemein verbindliche Überzeugung nämlich, sogenannte Programmusik stelle die natürliche Konsequenz, den idealen Gipfel in der Entwicklung der «Tonsprache» dar; drittens endlich spielt auch das eine Rolle, was Kulturkritiker als Bildungsschwund beklagen: das Fernrücken literarischer Traditionen und der durch sie vermittelten Gefühlswelten. (Für ein Publikum, dem der Hinweis auf Chateaubriands «René» nichts sagt, dem Byrons Dichtungen unbekannt sind, ist das Interesse für Werke wie *Symphonie fantastique* oder *Harold en Italie* zweifellos reduziert.)

Daß der Musikbetrieb «museal» sei, stellt – sofern damit eine Aussage gemeint ist und nicht ein Verdikt – ein schiefes Urteil dar. Keineswegs nämlich herrscht hier, wie das Ideal des Museums es forderte, «neutrale» historische Gerechtigkeit; bestimmend vielmehr sind Werturteile, deren Ableitung aus ästhetischen Kategorien des 19. Jahrhunderts offenkundig ist. Allgemeiner Ansicht zufolge gibt es einen Kanon von nicht in Frage zu stellenden Werken, einen, wie man einmal treffend formulierte, «ewigen Vorrat» der Musik, ein Meisterreich, das die Werke der Wiener Klassiker, Schuberts, Bruckners und Brahms', einen Teil des Œuvres Schumanns, Wagners und Strauss' umfaßt. (Als einzige ältere Musik – und zwar, chronologisch gesehen, durch eine Lücke getrennt – gehört undiskutiert diejenige Bachs in diesen Kreis.) Repräsentiert – und garantiert – dieser Kanon quasi einen Inbegriff von Musik, so gelten auf der anderen Seite heute noch ähnliche Vorbehalte gegenüber Außenstehenden, den «Experimentierern», wie sie im Namen einer Ästhetik des Kunstschönen, eines einheitlichen Stilbegriffs und des Geschmacks traditionellerweise erhoben wurden. Das Werk von Berlioz fällt unter dieses Verdikt: «Die letzte Geschlossenheit im Gesamtschaffen ist ihm nicht gelungen», so wurde noch vor kurzem formuliert.

Es fällt auf, daß vergleichsweise ähnliche kompositorische Eigenarten, die

7

man bei Berlioz als «bizarr» charakterisiert – Exzessivität des Ausdrucks, ungewöhnliche Instrumentierung, Einbeziehen des Raums, Brüche im musikalischen Verlauf, Zitate und «Collagen» –, in der Musik Gustav Mahlers etwa heute keineswegs einem solchen Urteil verfallen, vielmehr, unter umgekehrtem Vorzeichen, als Signum einer Moderne gelten, die auf tradierte ästhetische Normen opponierend antwortet. (Und umgekehrt paßt das – ernsthaft geglaubte – Argument, die Renaissance der Musik Mahlers sei in erster Linie dem heute erreichten Standard der Stereotechnik zu verdanken, auf die Musik Berlioz' nicht weniger gut. Womit es freilich seine Irrelevanz aufzeigt. Es handelt sich nicht um eine Erklärung, sondern um eine bloße Feststellung.) Diese Divergenz in der Interpretation spiegelt die Divergenz in der Rezeption der Musik Berlioz' und Mahlers wider. Die Musik Mahlers ist seit den späten fünfziger Jahren, als sich das Ende der Herrschaft serieller Techniken abzeichnete, unter dem Leitbild einer neuersehnten «Freiheit» wiederentdeckt worden (und zwar primär von Komponisten, nicht von Musikhistorikern); damit rückte sie für das gegenwärtige Bewußtsein aus ihrem historischen Kontext (den Namen wie Pfitzner, Strauss und Schreker bezeichnen) in einen neuen Zusammenhang, in den der Rezeption, der Mahler nunmehr mit Namen wie Cage und Satie, Ives oder Berio verknüpft.

Die Musik Berlioz' hingegen hat bislang nicht das Interesse der Avantgarde gefunden. Damit ist die Frage nach Berlioz' Aktualität zunächst beantwortet; denn die Rezeption vergangener Musik hängt, wie es scheint, vor allem mit der jeweils aktuellen, der komponierten Musik zusammen. (Diesen Zusammenhängen nachzugehen ist eine bis jetzt uneingelöste Forderung an eine Musikgeschichtsschreibung, die das 19. und 20. Jahrhundert zum Gegenstand hätte.) Denkbar ist immerhin, daß die gründliche Revision des vergangenen Jahrhunderts, wie sie jetzt auch in der modernen Musikforschung vorangetrieben wird – die Erkenntnis, daß Berlioz, zusammen mit Wagner und Liszt, zu den größten Erfindern in der Musik des 19. Jahrhunderts zählt und die neuere Musik entscheidend beeinflußt hat, darf hier als gesichert gelten –, auch zu Wandlungen im Musikleben führen könnte. Das Œuvre Berlioz', daran besteht kein Zweifel, verdient es, daß man seinen Reichtum – einen reizvoll-problematischen Reichtum – entfaltet.

IN DER PROVINZ

Wie viele Komponisten der neueren Zeit – es genügt, an Schumann, Wagner und Schönberg zu erinnern – entstammt Hector Berlioz einer Familie, in der nichts eine hohe musikalische Begabung vermuten ließ. Der Vater, Louis-Joseph Berlioz, war Arzt. *Er genoß großes Vertrauen nicht nur in unserer kleinen Stadt, sondern auch in den Nachbarstädten.*[1]* Obgleich er für eine wissenschaftliche Abhandlung den ersten Preis eines Wettbewerbes – wie sie damals üblich waren – errungen hatte, strebte Louis-Joseph Berlioz keine Karriere an; er übte seinen Beruf *in der uneigennützigsten Weise* aus, und war *eher ein Wohltäter der Armen und Bauern als ein Arzt, der von seiner*

---

* Die hochgestellten Ziffern verweisen auf die Anmerkungen S. 143 f.

Der Vater: Louis-Joseph Berlioz. Anonymes Gemälde

Praxis leben muß. Umfassend gebildet, von *freiem*, skeptischem *Geist* und, bei aller Strenge, generös und tolerant – so charakterisiert Berlioz seinen Vater; er muß ihn geliebt haben. Das Bild der Mutter erscheint wie ein Negativ: Die Bigotterie der Marie-Antoinette-Joséphine, geborene Marmion – sie war achtzehn, als sie 1802 den Dr. Berlioz heiratete –, hat anscheinend die menschlichen Qualitäten vertrieben. (Um der Religion willen wird die Mutter später den Sohn, als Komponist in ihren Augen zur Hölle bestimmt, verfluchen.) Trotzdem hat *diese bezaubernde Religion – seit sie niemanden mehr verbrennt – mich sieben volle Jahre hindurch beglückt; und obgleich wir seit langer Zeit entzweit sind, habe ich ihr immer ein sehr zärtliches Andenken bewahrt.*[2] Die Poesie des katholischen Kultes war es, was Berlioz reizvoll erschien: Das Anfangskapitel der *Mémoires* beschreibt den Akt der Erstkommunion als exaltiertes ästhetisches Gefühlserlebnis einer empfindsamen Seele, ganz im Sinne der sentimentvollen Restauration des Katholizismus von Chateaubriands «Génie du christianisme» (Der Genius des Christentums, 1802), eines Werkes, das Napoleon zur Zeit des Konkordatsabschlusses und der innenpolitischen Konsolidierung höchst willkommen gewesen war und das damals eine unvorstellbare Wirkung entfaltet hatte.

Hector Berlioz wurde am 11. Dezember 1803 in La Côte Saint-André geboren, einem Städtchen zwischen Grenoble und Lyon. (Das Geburts- und Vaterhaus in der Hauptstraße des Ortes beherbergt seit 1935 ein Berlioz-Museum.) Von den politischen Stürmen der Zeit – Aufstieg und Fall Napoleons – spürte man in der Abgeschiedenheit der Provinz nur schwachen Widerhall; etwa wenn hin und wieder Hectors Onkel Félix Marmion auftauchte, der *der leuchtenden Spur des großen Kaisers folgte ... noch ganz erhitzt vom Kanonendampf und bald mit einem einfachen Lanzenstich geschmückt, bald mit einem Schuß im Fuß oder einem prächtigen Säbelhieb quer übers Gesicht.*[3] Mit seinen zwei Schwestern, Marguérite-Anne-Louise (1806–50), Nanci genannt – *sie liebt die Musik, hat es aber nie so weit bringen können, Noten zu lesen*[4] –, und Adèle (1814–60), hat Berlioz lebenslang engen Kontakt gehalten. Drei weitere Geschwister sind früh verstorben.

Die Erziehung des Jungen wurde bald vom Vater übernommen. *Mit welch unermüdlicher Geduld, mit welch eingehender, kluger Sorgfalt wurde er also in Sprachen, in Literatur, Geschichte und Geographie, selbst in der Musik mein Lehrer.*[5] (Auf die Nachteile der Isolierung durch den Privatunterricht, der *rauher Berührung mit den sozialen Härten* aus dem Weg geht, hat Berlioz selbst später hingewiesen: *Ich weiß genau, daß ich in dieser Beziehung bis zu meinem fünfundzwanzigsten Jahr ein unwissendes, ungeschicktes Kind war.*) Als leidenschaftlicher Leser, und das ist Berlioz sein Leben lang geblieben, verschlingt der junge Hector zunächst *alles, was die Bibliothek meines Vaters an alten und neuen Reisebeschreibungen enthielt*[6]; *bald aber wußte der lateinische Dichter, indem er mir von schon geahnten epischen Leidenschaften sprach, den ersten Weg zu meinem Herzen zu finden und meine erwachende Phantasie zu entflammen.* Die Lektüre von Vergils «Aeneis», insbesondere der Geschichte der unglücklichen Dido, bereitet ihm *nervöse Schauer*[7].

Neben der Literatur ist es ein frühes erotisches Erlebnis, das das Gemüt des Zwölfjährigen erschüttert. Im Bergdorf Meylan bei Grenoble, der Heimat des Großvaters, wo die Mutter mit Hector und den Schwestern den Spätsommer zu verbringen pflegte, begegnet Berlioz der sechs Jahre älteren Estelle Dubœuf. *Ihr Name war mir schon lieb geworden durch Florians Pastorale («Estelle et Némorin»), die ich aus der Bibliothek meines Vaters entwendet und hundertmal heimlich gelesen hatte ... Als ich sie erblickte, fühlte ich einen elektrischen Schlag; ich liebte sie, und damit ist alles gesagt. Ein*

Das Geburtshaus. Stahlstich, 1888

La Côte Saint-André. Kolorierte Zeichnung von Johan-Bartold Jongkind, 1883

Nanci Berlioz.
Lithographie von V. D. Cassien

Adèle Berlioz.
Anonymes Gemälde

Schwindel erfaßte mich und verließ mich nicht wieder. Ich hoffte nichts ... ich wußte nichts ... aber ich fühlte im Herzen einen tiefen Schmerz.[8] Wie die Dinge lagen, blieb die Romanze – mit einer literarischen Emotion eng verknüpft, ähnlich wie bei Berlioz' späteren Begegnungen mit Harriet Smithson und Camille Moke – natürlich einseitig. In seinem letzten Lebensjahrzehnt – seltsame Rundung einer Biographie – ist Berlioz zu den Leidenschaften seiner Kindheit zurückgekehrt: zu Vergil, der ihn zur Oper *Les Troyens* (Die Troyaner) inspiriert, und zu Estelle, die, indessen eine fast siebzigjährige alte Dame, in Berlioz ein letztes Feuer entfacht.

Berlioz war das genaue Gegenteil eines musikalischen Wunderkindes; gar nicht früh und eher beiläufig ist die Musik in sein Leben getreten. Der Zehnjährige müht sich, auf einem Flageolett (einer Art Blockflöte) eine Melodie hervorzubringen; *das regte meinen Vater an, mich die Noten zu lehren*[9], und er zeigte ihm auch, die Querflöte handzuhaben. Eine weitere musikalische Ausbildung, auf die der Vater bedacht war (immer noch im Rahmen allgemeiner Erziehung, keineswegs aber um einen Musikerberuf zu fördern), erwies sich in der *kleinen amusischen Stadt*[10] als schwierig. Gemeinsam mit anderen wohlhabenden Familien engagierte man schließlich einen Geiger vom Lyoneser Theater, der Berlioz *täglich zwei Stunden* in Gesang und Flöte unterrichtete. Schließlich lernte man noch Guitarre spielen.

So war ich nun Meister auf diesen drei majestätischen und unvergleichlichen Instrumenten geworden ... Wer wagte es, in dieser klugen Wahl das Gebot der Natur zu verkennen, die mich zu den gewaltigsten Orchestereffekten und zur Musik à la Michelangelo hindrängte![11] Das ist nicht nur Ironie. Berlioz ist sich bewußt, daß die kluge Weigerung des Vaters, ihn in Klavier unterrichten zu lassen (er befürchtete *ohne Zweifel, das Klavier möchte mich* zu heftig begeistern und weiter in die Musik hineinziehen, als es sein Wunsch war[12]), ihn stets gezwungen hat, die musikalische Formung mit der klanglichen Gestalt zugleich zu erfinden. *Wenn ich bedenke, daß die meisten Komponisten ihre* Platituden ... *nicht schreiben könnten, hätten sie ihr musikalisches Kaleidoskop nicht und lediglich ihre Feder und ihr Papier, dann kann ich mich nicht enthalten, dem Zufall zu danken, der mich in die Notwendigkeit versetzt hat, still und frei komponieren zu lernen. Er hat mich vor der für den Gedanken so gefährlichen Tyrannei der Fingergewohnheiten*

Frühe Kompositionen: Lieder mit Guitarrenbegleitung, um 1820

bewahrt. In der Tat hat Berlioz nicht, wie die meisten Komponisten des 19. Jahrhunderts, zuerst eine Art Klavierfassung hergestellt und diese dann instrumentiert; er hat, gleich Richard Wagner und Gustav Mahler, zwei weiteren großen Erfindern im Bereich des Klanges, unmittelbar in Partitur komponiert. Berlioz' Instrument wurde das Orchester. Schon dem Jungen schießt das durch den Kopf, als ihm zum erstenmal ein leeres großes, vielzeiliges Blatt Notenpapier in die Hände fällt: *Ich begriff sofort, welche Menge instrumentaler und vokaler Klangkombinationen hier untergebracht werden könnte, und ich rief aus: Was für ein Orchester muß man darauf schreiben können!*[13]

Berlioz' erste Kompositionen, sie fallen ins Jahr 1816, erwuchsen aus der häuslichen Musikübung und dem autodidaktischen Studium eines Harmonielehrbuchs. Er schrieb *eine Art sechsstimmiges Potpourri über italienische Themen*[14] und zwei Quintette – seine ersten und letzten Kammermusikwerke – und vertonte, nicht zuletzt unter dem Eindruck des Meylan-Erlebnisses, einige der Romanzen aus «Estelle et Némorin». Eine davon wurde gedruckt; das übrige hat Berlioz zwar vor seinem Aufbruch nach Paris verbrannt, doch ist, eigenem Zeugnis zufolge, die eine oder andere Melodie in späteren Kompositionen wiederverwendet worden.

In einer letzten Etappe der häuslichen Erziehung schickte sich der Vater an, Hector auf das Medizinstudium vorzubereiten. Der freilich hatte sich schon durch die Lektüre von Biographien Glucks und Haydns *in die allergrößte Aufregung* versetzt: *Welch schöner Ruhm! sagte ich mir in Gedanken an den der beiden berühmten Männer; welch eine schöne Kunst!*[15] Und er sollte *Arzt sein! Anatomie studieren! sezieren! schauerlichen Operationen assistieren! statt mich mit Leib und Seele der Musik hinzugeben ... Den Him-*

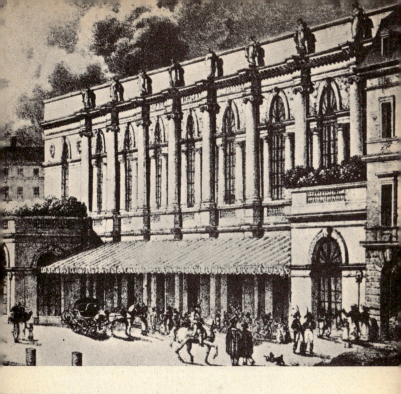

Paris: Das Opernhaus in der Rue Le Pelletier

Paris, von der Seine aus gesehen. Aquarell von Thomas Shotter Boys, 1833

Christoph Willibald Ritter von Gluck. Terrakotta-Büste von Jean-Antoine Houdon, um 1775

mel vertauschen mit den traurigsten Aufenthaltsorten der Erde![16] Die Auseinandersetzung mit dem Vater, die sich nun entspann, fand erst nach Jahren ein versöhnliches Ende. Der alte Berlioz war keineswegs intolerant, nur skeptisch genug, und ja gar nicht zu unrecht, um die Berufschancen eines Musikers, der kein Wunderkind gewesen war, realistisch einzuschätzen. Ende Oktober 1821, nachdem er in Grenoble das Baccalaureat erworben hatte, geht Hector Berlioz in Begleitung eines Cousins nach Paris, um dort das Studium der Medizin aufzunehmen.

STUDIUM IN PARIS

Lange halten die guten Vorsätze nicht vor, mit denen Berlioz ein Studium beginnt, zu dem er keine Neigung hat. Denn in Paris hört er zum erstenmal in seinem Leben Musik, gegenüber der die Liebhaberaufführungen in den Salons des Heimatstädtchens diesen Namen kaum verdient haben mochten. In der Oper versetzen ihn «Les Danaïdes» von Antonio Salieri *in einen Zustand der Verwirrung und Aufregung, den zu beschreiben ich nicht versuchen will. Mir war wie einem zum Seemann geborenen jungen Menschen, der vorher nur die Nachen auf seinen Gebirgsseen gesehen hat und sich plötzlich in einen Dreidecker auf hoher See versetzt findet.*[17] Ins scheinbar Unvermeidliche sich schickend, schon im Begriff, *die bedenkliche Anzahl schlechter Ärzte um ein weiteres Individuum zu vermehren* – an den anatomischen Lehrkursen nimmt er *mit stoischer Resignation* teil, Chemie, Physik und besonders die Literatur interessieren ihn mehr –, sinnt Berlioz halbe Nächte lang *über den traurigen Widerspruch* nach, *der zwischen meinen Studien und meinen Neigungen bestand.* Den *Gnadenstoß*[18] versetzte der Medizin schließlich die Begegnung mit der Musik Glucks, dessen Partituren Berlioz in der Bibliothek des Conservatoire studiert: *Ich schrieb sie ab, ich lernte sie auswendig; sie raubten mir den Schlaf.* Als es ihm *endlich vergönnt war,* «*Iphigenie auf Tauris*» *zu hören, schwor ich beim Verlassen der Opéra, daß ich trotz Vater, Mutter, Onkeln, Tanten, Großeltern und Freunden Musiker werden würde.*

Berlioz beginnt zu komponieren; und als er 1823 Schüler von Jean-François Le Sueur wird, sind die medizinischen Studien zu Ende, bald auch die juristischen, denen er sich für eine kurze Zeit zugewandt hatte. Mit den Eltern entspinnt sich eine jahrelange Auseinandersetzung; die Unterstützung wird mehrmals entzogen und wieder gewährt; Berlioz hält sich mit einer Choristenstelle am Théâtre des Nouveautés, die er als Demütigung empfindet, und mit Stundengeben über Wasser. *Ich wäre eher nach China gegangen . . . als daß ich mich ergeben hätte.*[19] Der Wunsch, sich endgültig die Anerkennung der Eltern zu erringen, die Aussicht auf finanzielle Unabhängigkeit, nicht zuletzt der Ehrgeiz, sich ein Renommee in der Öffentlichkeit zu verschaffen, erklären die Hartnäckigkeit, mit der Berlioz, noch vor dem offiziellen Beginn seines Studiums am Conservatoire und dann jedes Jahr aufs neue, den Prix de Rome anstrebt.

Musikalische Leitbilder

Die musikalischen Eindrücke, die Berlioz während seiner Pariser Studienzeit aufnimmt, haben seine eigene Musik entscheidend geformt. Gluck und Spontini, Le Sueur, Beethoven und Weber sind ihm Leitbilder der dramatischen Musik – des musikalischen Bühnendramas und der dramatisch aufgefaßten Instrumentalmusik – und einer dem Ausdrucksprinzip verhafteten Instrumentationskunst.

Anfangs der zwanziger Jahre war das Repertoire der Pariser Opéra noch immer zu einem Gutteil vom Geschmack des Empire geprägt: Glucks Opern, die sich schon in der Revolutionszeit hoher Schätzung erfreut hatten, werden

17

Gioacchino Rossini. Fotografie von Nadar, Paris um 1861

noch gespielt, Werke von Méhul und Spontini. Berlioz legt grenzenlose Begeisterung (die seine Freunde teilen müssen: *ich brachte sie in die Oper, mochten sie wollen oder nicht*[20]) für die Meisterwerke insbesondere Glucks an den Tag. *Der Zeus unseres Olymps war Gluck . . . Da ich die Partitur gründlich kannte, war es auch nicht ratsam, etwas daran zu ändern . . . Vor dem Publikum und mit lauter, deutlicher Stimme fuhr ich die Schuldigen an.*[21]

Berlioz' Fixierung auf die Werke der großen dramatischen Musik, auf die «Tragédie lyrique», steht, wie es scheint, von Anfang an fest; die *Schule des musikalischen Ausdrucks und der Vernunft*, der Grundsatz, daß die Musik *Gefühle und Leidenschaften auszudrücken*[22] habe, sowie die Mehrschichtigkeit der Theatermusik haben sein eigenes Schaffen in hohem Grade determiniert. (In Berlioz einen erneuernden Klassizisten zu sehen, einen – um das auf Schönberg geprägte Wort zu übernehmen – «konservativen Revolutionär», entspricht der geschichtlichen Wahrheit weit eher als die bis heute populär gebliebene Etikettierung als willkürlich-bizarrer, den bloßen Effekt suchen-

Gaspare Spontini. Lithographie von H. Grevedon, 1830

der Umstürzler – ein Verdikt, dessen Herkunft aus einer bequemen Ästhetik der Restauration kaum zu übersehen ist.)

Entsprechend scharf ausgeprägt sind die musikalischen Antipathien: Berlioz' innige Abneigung gilt, um nur zwei heute noch bekannte Namen zu nennen, François-Adrien Boieldieu, dem Komponisten von «La Dame blanche», und vor allem Gioacchino Rossini, dessen Werke seit 1817 im Théâtre-Italien ihren Siegeszug nahmen und der selbst dann seit 1824 als Musikpapst in Paris residierte. An beiden Komponisten verabscheut er genau das, was das Publikum, wie Berlioz sicher zutreffend urteilt, für ihre Werke eingenommen hat: eine problemlose Eingängigkeit, eine Gefälligkeit, die den Forderungen des dramatischen Ausdrucks ausweicht. Zwischen dem Siegeszug der Opéra comique, dann der Operette und der bürgerlichen Gesellschaft der Restauration und der Juli-Monarchie besteht wahrscheinlich eine nicht bloß chronologische Übereinstimmung. *Ja, das war es, was das große Pariser Publikum wollte: eine einwiegende Musik, selbst für die schrecklichsten Situationen, eine zwar leicht dramatische, aber nicht zu deutliche Musik, farblos, frei von außerordentlichen Harmonien, von ungewöhnlichen Rhythmen, von neuen Formen, von unerwarteten Effekten.* (In der Negation gibt Berlioz eine Charakteristik seiner eigenen Musik.) *Eine liebenswürdige, galante Kunst, mit anliegenden Hosen und Stulpenstiefeln ... ein Troubadour.*[23] Im Widerspruch gegen Rossini weiß Berlioz sich einig mit führenden romantischen Künstlern, mit Victor Hugo, George Sand, Eugène Delacroix; noch in den *Mémoires* kolportiert er genüßlich einen Ausspruch Jean-Auguste-Dominique Ingres', es müsse sich um die Musik eines unredlichen Menschen handeln. *Mehr als einmal habe ich mich gefragt, wie ich es anfangen müßte, das Théâtre-Italien zu unterminieren und es an einem Abend mit seiner ganzen Rossini-Bevölkerung in die Luft zu sprengen.*[24] (Der Vorschlag, Opernhäuser in die Luft zu jagen, ist offenbar eine französische Spezialität: Claude Debussy und Pierre Boulez haben ihn wiederaufgegriffen.)

Inmitten dieser hitzigen Periode meiner musikalischen Studien ... erschien Weber.[25] 1824 wurde im Théâtre Odéon zum erstenmal in Frankreich der «Freischütz» gegeben, freilich nicht in seiner ursprünglichen Schönheit, sondern auf tausend Arten durch einen Arrangeur verstümmelt, ins Gemeine gezogen, gequält und beleidigt. François Castil-Blaze hatte das Werk unter dem Titel «Robin des bois» neu arrangiert (ein Verfahren, das freilich bei musikdramatischen Werken damals gang und gäbe war). *Dieser neue Stil,*

Im Théâtre-Italien. Stich von C. Mottram nach E. Lamis, 1843

Carl Maria von Weber. Gemälde von Karoline Bardua

gegen den meine intolerante und ausschließliche Verehrung der großen Klassiker mich zuerst voreingenommen hatte, überraschte und entzückte mich in hohem Maße ... Dieser Partitur entströmte ... ein wildes Aroma, dessen köstliche Frische mich berauschte.[26] Die Poesie des «Freischütz» ist voll von Bewegung, von Leidenschaft, von Kontrasten. Das Übernatürliche bringt darin eigentümliche, heftige Wirkungen hervor.[27] Die Musik Webers wurde von der Generation der Jeune-France allgemein als Sensation empfunden. Victor Hugo begeisterte sich nicht minder als Berlioz; «alles, was sich Romantiker nannte, kam zusammen, umjubelte mit Bravorufen die große Musik Webers»[28]. Noch fünfzehn Jahre später (1841) erwies Berlioz diesem Werk einen Liebesdienst: Um zu verhindern, daß der «Freischütz» bei seiner Wiederaufnahme erneut entstellt würde, übernahm er, was er für das kleinere Übel hielt, die Rezitativkomposition der gesprochenen Dialoge.

Donnerschläge folgen manchmal im Leben eines Künstlers so rasch aufeinander wie in großen Gewittern ... Ich hatte Shakespeare und Weber nacheinander erscheinen sehen; kurz darauf sah ich an einem anderen Punkt des Horizonts den gewaltigen Beethoven sich erheben ... Er eröffnete mir eine neue Welt in der Musik.[29] François Antoine Habeneck hatte 1828 die Direktion der neugebildeten Société des Concerts du Conservatoire übernommen; der Weltruhm der Conservatoire-Konzerte, die eine Tradition seit

François Antoine Habeneck. Stich von L. Massard, um 1840

den Jahren nach 1790 hatten, ist ihm zu verdanken. Seit langem ein eifriger Verehrer Beethovens, hatte Habeneck seit 1807 hin und wieder einige seiner Werke aufgeführt; das Publikum konnte freilich keinen Geschmack daran finden. Im Frühjahr 1828 aber, als Habeneck eine Serie von Beethoven-Konzerten gibt, entzündet sich – im Lichte der neuen romantischen Bewegung mit ihrer Umwertung ästhetischer Grundsätze – eine allgemeine Begeisterung für Beethovens Musik, für ihr Neuartiges, zutiefst Aufwühlendes. (In genauer Entsprechung hierzu steht der 1827 plötzlich einsetzende Enthusiasmus für Shakespeares Dramen.)

Bis zum Abschluß seiner Studienjahre (1830) konnte Berlioz die dritte, fünfte und sechste Symphonie Beethovens hören, das Violinkonzert und das fünfte Klavierkonzert, einige Ouvertüren und «Christus am Ölberg»; von deutschen Theatertruppen wurde 1829 und in den beiden Folgejahren «Fidelio» in Paris aufgeführt.

Jäh verließ ich die alte breite Straße, so charakterisiert Berlioz die Wirkung, die die gewaltigen Eindrücke Beethovenscher Musik in ihm auslösten, *um über Berg und Tal, quer durch Wald und Feld meinen Weg zu neh-*

men... *Le Sueur bemerkte meine Untreue erst viel später, als er meine neuen Kompositionen hörte, die ihm zu zeigen ich mich gehütet hatte.*[30] Obgleich er das Erstarken seiner Unabhängigkeit betont, ist in den Werken, auf die Berlioz anspielt – in erster Linie ist wohl die *Symphonie fantastique* gemeint –, ein Einfluß Beethovens manifest: die Ähnlichkeit in gewissen dynamischen Effekten, mehr noch in der Komplizierung der metrisch-rhythmischen Strukturen. (Ein Einfluß Webers hingegen scheint nur in einigen melodischen Wendungen, z. B. in *Cléopâtre*, greifbar zu sein.) Das Erlebnis der Musik Beethovens bedeutet das Ende der Lehrzeit bei Le Sueur, dessen ängstliche Weigerung, das Neue, Unbekannte zu akzeptieren – Berlioz überliefert sein regressives Diktum: «Gleichviel, man darf nicht solche Musik machen»[31] –, den Trennungsstrich zog.

Jean-François Le Sueur (1760–1837) war zunächst Kirchenmusiker, wandte sich in der Revolutionszeit der Komposition von Opern zu und spielte auch am neugegründeten Conservatoire eine wichtige Rolle. 1804 wurde er Musikdirektor der Kaiserlichen Hofkapelle, und an der Oper «Ossian ou Les

Beim Anhören einer Beethoven-Symphonie. Karikatur von E. Lami, 1840

Bardes» (1804) fand Napoleon, der prominenteste Schwärmer für die (auf die Mystifikation des Schotten James Macpherson zurückgehende) Ossian-Mode um 1800, höchstes Entzücken. Ohne Bruch rettete Le Sueur sein Renommée in die Restauration hinüber; nunmehr Königlicher Opernkapellmeister und Hofkomponist, erhielt er 1818 eine Professur am Conservatoire.

1823 war Berlioz Schüler bei Le Sueur geworden; er gewann zu ihm bald auch ein persönliches Verhältnis, in dem die gemeinsame Begeisterung für *Gluck, Vergil und Napoleon*[32] eine feste Konstante bildete. Berlioz muß zwar eine *Theorie der Akkordbildung und -folge* über sich ergehen lassen, einen Lehrgang, den er später beklagt; aber *Le Sueurs kleine Oratorien, die das Repertoire der königlichen Kapelle bildeten,* und die Berlioz *regelmäßig jeden Sonntag* im Gottesdienst *in den Tuilerien hörte,* wobei der Komponist ihm *das Sujet des Werkes erklärte, seinen Plan und seine Hauptintention* darlegte, hat er *sehr bewundert.*[33] An Le Sueurs Musik – die heute völlig unbekannt ist – hat Berlioz stets die ungewöhnliche Harmonik und Melodik gerühmt und vor allem den Differenzierungsreichtum, auch in der Kunst der Instrumentation.[34] Le Sueurs Theorien einer «imitativen Musik», die einem dramatischen Zusammenhang zu dienen habe (er hat sie in einem vierbändigen «Exposé» [1787 ff] ausführlich dargelegt), haben in Berlioz' zentralem Konzept einer «dramatischen Symphonie» – der ein Drama sui generis bildenden Instrumentalmusik – ihre Spuren hinterlassen.

Am Conservatoire

Im Herbst 1826 wurde Berlioz veranlaßt, sich am Conservatoire einzuschreiben, jenem berühmten Institut, das 1784 unter Ludwig XVI. als «École royale de chant» gegründet worden war. Luigi Cherubini war dort seit 1822 Direktor. Der seit 1787 in Paris ansässige Italiener hatte in den Jahren nach 1790 als Opernkomponist seine größten Erfolge gehabt (seine «Medée» von 1797 wird heute noch gespielt); nach Jahren einer mysteriösen Verfolgung durch Napoleon genoß er in der Restauration allgemein hohes Ansehen und entfaltete eine letzte, reiche Periode seines Schaffens. Zur Musik der jüngeren Generation – und dazu zählte für ihn schon der ein Jahrzehnt nach ihm geborene Beethoven – konnte Cherubini keinen rechten Zugang gewinnen; ganz so reaktionär freilich, wie ihn Berlioz in den *Mémoires* zeichnet, scheint er nicht gewesen zu sein. (Berlioz' Urteil ist offensichtlich von persönlichen Zwistigkeiten überschattet.)

Berlioz' Lehrer in Kontrapunkt und Fuge – auf Betreiben Cherubinis, der *wußte, daß ich in Le Sueurs Kompositionsklasse eingetreten war, ohne den gewöhnlichen Konservatoriumsweg gegangen zu sein*[35], mußten diese Kurse nachgeholt werden – war Antonin Reicha. *Er lehrte den Kontrapunkt mit bemerkenswerter Klarheit; in kurzer Zeit und mit wenigen Worten hat er mir sehr viel beigebracht . . . Er war weder ein Empiriker noch ein Feind von Neuerungen; er glaubte an den Fortschritt in gewissen Teilen der Kunst.*[36]

Es ist nicht nur der – seinen Begriffen nach – allzu konservative Zuschnitt der beiden maßgeblichen Männer am Conservatoire, was Berlioz an diesem Institut unbefriedigt läßt (Cherubini heißt er umstandslos den *schlimmsten Akademiker aller Zeiten*[37], und an Reicha mißfällt ihm, daß er sich *immer*

Jean-François Le Sueur. Lithographie von A. Legrand

noch der *Routine* und der Tradition unterwerfe, *obgleich er sie verachtete*[38]); er beklagt vor allem, daß ihm seine Lehrer *in der Instrumentierung* (die freilich als Fach am Conservatoire überhaupt nicht gelehrt wurde) *nichts beigebracht hätten.*[39] Berlioz verschafft sich, das ist für seine musikdramatische Ausrichtung bezeichnend, Erfahrung in der Instrumentierung vor allem durch das Studium von Opern, deren Partitur er während der Aufführung mitliest. *So machte ich mich allmählich mit der Verwendung des Orchesters vertraut und lernte von den meisten Instrumenten wenn auch nicht Umfang und Mechanismus, so doch Ton und Klangfarbe kennen. Durch den aufmerksamen Vergleich der erreichten Wirkung mit dem zu ihrem Hervorbringen angewandten Mittel wurde mir sogar die versteckte Beziehung klar, die zwischen dem musikalischen Ausdruck und der eigentlichen Kunst der Instrumentation besteht.*[40]

Der Prix de Rome, den die Académie des Beaux Arts alljährlich auch an Komponisten vergab (hier galt es, in mehrwöchiger Klausur über einen gegebenen Text eine «scène lyrique», eine dramatische Kantate für Solostimme mit Orchester, zu schreiben), war eine begehrte Trophäe – ungeachtet der allgemein bekannten Unzulänglichkeiten der Jury: ihrer geringen Kompe-

25

tenz, ihrer Parteilichkeit, ihres rigorosen Konservativismus. (Mit beißender Ironie gibt Berlioz in einer ausführlichen Passage der *Mémoires* diese Institution der Lächerlichkeit preis; in ähnlichem Ton wird sich Jahrzehnte später Claude Debussy über den Rompreis mokieren.) Außer der offiziellen Anerkennung, die zugleich das Ende der Lehrzeit bezeichnete, gewährte der erste Preis ein fünfjähriges Stipendium (zwei Jahre davon in Rom, eines in Deutschland); auch der zweite Preis brachte bedeutende Vorteile mit sich.

Luigi Cherubini. Gemälde von Jean-Auguste-Dominique Ingres, 1842

Napoleon I. Gemälde von Paul Delaroche, 1838

Im Sommer 1826 bewirbt sich Berlioz erstmals, fällt jedoch bei der Vorprüfung durch; 1827 wird seine Kantate *La Mort d'Orphée* für unaufführbar erklärt – wegen der Unfähigkeit des Pianisten, wie Berlioz meint (alle Wettbewerbskompositionen wurden lediglich in einem Klavierauszug vorgeführt). Zwei Nummern aus diesem Werk, dessen Partitur erst vor wenigen Jahrzehnten wiederentdeckt wurde, hat Berlioz, ebenso wie einen Chor aus *Cléopâtre*, der erfolglosen Rompreis-Kantate von 1829, später in *Lélio* übernommen. Mit *Herminie*, der Text dieser «scène lyrique» dichtet eine Episode aus Tassos «Gerusalemme liberata» nach, errang Berlioz 1828 den zweiten Preis. Das Hauptthema dieser Kantate, leitmotivisch mit Herminies Liebesklage verknüpft, stellt eine – allerdings entschieden konventionellere – erste Fassung des späteren *idée fixe* der *Symphonie fantastique* dar. In den letzten Julitagen 1830, unter dem Kanonendonner der Pariser Revolution, schreibt Berlioz seine Kantate über *La Mort de Sardanapale*; er wollte sie mit *einer Art beschreibender Symphonie* abschließen, die *die Feuersbrunst* schildern sollte, *die Schreie der sich sträubenden Frauen, die wilden Rufe des mutigen*

Barrikadenkampf in der Rue Saint-Antoine während der Juli-Revolution 1830

Wüstlings, der noch inmitten der steigenden Flammen dem Tod trotzt, und das Getöse beim Zusammenstürzen des Palastes[41]. Dieses Finale hat Berlioz wohlweislich der Prüfungskommission vorenthalten; so war ihm der erste Preis sicher.

KOMPONIST IN DER ÖFFENTLICHKEIT

Der Erfolg des Prix de Rome beschließt einen neunjährigen Abschnitt in Berlioz' Leben, der, was die Anerkennung seines Schaffens in der Öffentlichkeit betrifft, weder schwerer noch leichter war als nachfolgende Perioden. Ein «erfolgreicher» Komponist ist der widerborstige Berlioz nie gewesen. Ihm nachträglich charakteristische Mängel vorzuwerfen, und daß er den Beifall der Menge zugleich suche und verachte, ist freilich eine ebenso schiefe wie billige Argumentation.

Es scheint, daß Berlioz sich über die Chance, als junger Komponist in Paris, der Hauptstadt der Musik, *den Fuß in den Steigbügel zu setzen*[42], keinen Täuschungen hingegeben hatte. Er ließ einige Klavierlieder im Druck erscheinen, arbeitete sodann an mehreren größeren Projekten, die aber nicht vollendet und in einem *Autodafé* geopfert wurden: einer *Kantate für großes Orchester, Le Cheval arabe*; einer Oper nach «Estelle et Némorin»; einem Oratorium *Le Passage de la Mer rouge*, wahrscheinlich unter dem Eindruck der Oratorien Le Sueurs; schließlich einer dramatischen, *recht finsteren Szene, entnommen Saurins Drama «Beverley ou le joueur». Ich war für dieses Bruchstück leidenschaftlicher Musik . . . ernstlich eingenommen.*[43]

Im Sommer 1824 schlug mir Masson, der Kapellmeister an Saint-Roch, vor, eine feierliche Messe zu schreiben . . . Ich machte mich also voll Eifer daran, diese Messe zu schreiben, deren Stil mit seiner ungleichmäßigen und recht zufälligen Färbung nur eine ungeschickte Nachahmung von Le Sueurs Stil war. Doch der *lang gehegte Traum eine großen Orchesteraufführung*[44] zerstob. Berlioz arbeitete *die Messe fast vollständig um*, wandte sich, vergeblich freilich, umstandslos an Monsieur de Chateaubriand, der als Gönner der Künstler bekannt war, um ein Darlehen und anscheinend auch um ministerielle Unterstützung. (Es war Berlioz anscheinend entgangen, daß Chateaubriand – ein unabhängiger Geist, der gegenüber Republikanern den legitimistischen Standpunkt zu verteidigen pflegte, gegenüber dem Königtum die Liberalität und so den Herrschenden stets lästig war – im Juni 1824 seines Ministeramts enthoben worden war.) Im Juli 1825 schließlich wurde die *Messe solennelle* in Saint-Roch *vor einem zahlreichen Publikum glänzend aufgeführt*[45]. Nur das *Resurrexit* hat sich daraus erhalten; einen Teil dieses Satzes hat Berlioz später im *Te deum* mit neuer Textierung wiederverwendet.

Unvollendet geblieben – denn die Prüfungskommission der Opéra lehnte das Libretto ab – ist eine Oper *Les Francs-Juges* nach einem Text von Humbert Ferrand, der, politischer Schriftsteller, später Advokat und Politiker, seit 1822, als Berlioz Jura studierte, sein engster und lebenslang treuester Freund war. *Die Ouverture allein ist ans Tageslicht gekommen.*[46] (Verschiedene Bruchstücke hat Berlioz in anderen Werken verarbeitet.) Von Ferrand stammt auch der Text der 1825 im Zuge der allgemeinen Begeisterung für den griechischen Freiheitskampf gegen das Osmanische Reich komponierten

Franz Liszt. Zeichnung von Achille Devéria, 1832

Scène héroïque La révolution grecque, eines Werkes, *dem man auf jeder Seite den energischen Einfluß von Spontinis Stil anmerkte*[47].

Erst 1828 gelangt, nach der *Messe*, wieder ein Werk von Berlioz zur Aufführung. Um Harriet Smithson zu beeindrucken, die Shakespeare-Tragödin (*ich ... verglich mit Niedergeschlagenheit den Glanz ihres Ruhmes mit dem Dunkel, in das mein Name gehüllt war*[48]), wagt er sich an *das Unternehmen, im Conservatoire auf eigenes Risiko ein großes Konzert zu geben, dessen Programm ausschließlich aus meinen Kompositionen zusammengesetzt sein sollte*[49]. Nach mancherlei Querelen, insbesondere mit Cherubini, gelangten im Mai 1828 die Ouvertüren *Waverley* und *Les Francs-Juges*, die *Scène héroïque* und (statt der vorgesehenen *Orphée*-Kantate) das *Resurrexit* aus der *Messe* zur Aufführung. *Mehrere Zeitungen lobten dieses*

Konzert warm. François-Joseph Fétis – der Musikgelehrte und -kritiker, der bald Berlioz' schärfster Gegener werden sollte – *bezeichnete meinen Eintritt in die Karriere als ein wirkliches Ereignis.* Miss Smithson freilich hatte davon *nicht einmal sprechen hören*[50].

Ein letztes Konzert, das Berlioz vor dem Antritt der Italienreise arrangiert, bringt am 5. Dezember 1830 unter Habenecks Leitung *Sardanapale* und die erste Aufführung der *Symphonie fantastique. Ich hatte einen rasenden Erfolg,* schreibt Berlioz an Ferrand, *die Symphonie fantastique wurde mit Geschrei und Getrampel begrüßt, die Marche au supplice hat man da capo verlangt. Der «Sabbat» hat alles mit fortgerissen durch seine satanische Wirkung.*[51] Spontini, der die *Marche au supplice* in Beethovens Rang erhebt, und Meyerbeer bekunden ihre Begeisterung; auch Liszt, dem Berlioz am Vorabend begegnet war, *wohnte dem Konzert bei, in dem er sich durch sein Applaudieren und seine enthusiastischen Kundgebungen dem ganzen Publikum bemerkbar machte*[52]. In der von ihm herausgegebenen «Revue musicale» äußerte sich Fétis folgendermaßen: «Die Symphonie ist eine sehr außergewöhnliche Komposition; aufs deutlichste manifestiert sich in ihr das auf neue Effekte gerichtete Genie, und zwei Sätze (Le Bal und La Marche au supplice) verkünden eine reiche Einbildungskraft – kurz, man findet hier eine individuelle Physiognomie, die sich außerhalb der gewöhnlichen Kunstformen ausdrückt. Doch im allgemeinen erregt diese Musik mehr Erstaunen als Gefallen; es mangelt ihr an Charme, und so sehr sie große Fähigkeiten des Verfassers zeigt, läßt sie doch bedauern, daß er sie nicht auf eine Art und Weise eingesetzt hat, die besser mit dem Endzweck der Kunst übereinstimmt.»[53] Diese – im Gegensatz zu Fétis' späteren Äußerungen noch dezent formulierte – Ablehnung aus dem Geist eines Konservatirismus, der Aufgaben und Grenzen der Kunst zu kennen vorgibt, legt gleichsam den Grundton fest für die akademische Berlioz-Kritik bis in die jüngste Vergangenheit hinein; und man erinnert sich hier auch der – in den *Mémoires* geschilderten – Vorhaltungen, die Boieldieu nach dem gescheiterten Rompreis Wettbewerb 1829 Berlioz gemacht hatte: Zuviel Neues in der Musik zu bringen, sein Bestes zu geben, sei doch sinnlos und unvernünftig, eine einwiegende Musik hätte die größten Vorzüge.[54]

MUSIK UND LITERATUR

Ein wesentlicher Zug, den schon die frühen Kompositionen und Entwürfe aufweisen, ist für Berlioz' gesamtes Œuvre bestimmend: die enge Verbindung zur Sprache. Zur Sprache als vertontem Text; als – nicht vertontem, aber zum Werk gehörigen – Programmtext, sei er explizit (wie in der *Symphonie fantastique*) oder angedeutet (wie in *Harold en Italie*), oder auf der Bühne als Monolog gesprochen (wie in *Lélio*); zur Sprache schließlich als konkretem literarischem Bezugspunkt, wie in den Ouverturen und in den Instrumentalsätzen von *Roméo et Juliette*. (Das einzige nennenswerte Instrumentalstück, obgleich schon der Titel über den Bereich «absoluter Musik» wieder hinausgreift, ist *Rêverie et Caprice* für Violine und Orchester.)

Berlioz hat ein so enges und vor allem auch so ins musikalische Schaffen eindringendes Verhältnis zur Literatur überhaupt wie kein Komponist vor

31

ihm; er ist der Prototyp des literarischen Komponisten, wie er seit Robert Schumann und Franz Liszt in der neueren Musik eine dominierende Rolle spielt. (Die Polarität in Berlioz' literarischer Welt – die klassische Antike einerseits, das Epos Vergils, andererseits die eine neue Poesie beschwörende moderne Romantik – weist übrigens einen gewissen Bezug auf zu der der musikalischen Leitbilder, der großen dramatischen Oper und der neuen «romantischen» Musik.)

Die allgemeine Begeisterung für Shakespeares Dramen, die Paris gegen Ende der zwanziger Jahre ergreift, entspringt nicht einem historischen Interesse, sondern einem Gefühl der Verwandtschaft der neuen Literatur mit einem Dichter, der als Gegenpol zu Rationalismus und Klassizismus aufgefaßt wird. Als im Herbst 1827 eine englische Theatertruppe, der berühmte Richard Kemble und Harriet Smithson sind die Hauptdarsteller, mit «Hamlet», «Romeo und Julia» und anderen Dramen in Paris gastiert, ist die Jeune-France hingerissen: Hugo, Vigny, Nerval, Gautier, Delacroix. (Noch fünf Jahre zuvor hatte ein englisches Shakespeare-Gastspiel in Paris keinerlei Anklang gefunden; Stendhals Abhandlung «Racine et Shakespeare», bald darauf erschienen, leitete den Umschwung ein.)

Für Berlioz wurde die Begegnung mit der Welt Shakespeares zu einem entscheidenden Erlebnis, künstlerisch wie menschlich; und seiner Liebe zu dem englischen Dichter ist er unwandelbar treu geblieben. *Shakespeare, der mich so unerwartet überfiel, zerschmetterte mich wie ein Blitzschlag . . . Ich wohnte im Odéon der ersten Vorstellung von «Hamlet» bei. Ich sah als Ophelia Harriet Smithson, die fünf Jahre später meine Frau wurde. Die Wirkung ihres wunderbaren Talents oder vielmehr ihres dramatischen Genies auf meine Phantasie und mein Herz kann nur mit derjenigen verglichen werden, die der Dichter selbst auf mich ausübte.*[55]

Das menschliche Drama, eine der berühmten Affären der Romantik, in den *Mémoires* verewigt, Berlioz' heftige, unerwiderte Leidenschaft für Harriet Smithson (die in der 1833 geschlossenen Ehe nicht ihr Ziel, sondern ihr Ende findet), stellt den unmittelbaren biographischen Anlaß für die Komposition der *Symphonie fantastique* dar. Doch im weiteren Prozeß dieses Werkes tritt dieser Anlaß wieder zurück; andererseits läßt sich eine mehrfache Umsetzung von Berlioz' Shakespeare-Begeisterung beobachten: Im *krankhaften Zustand* nach der Hamlet-Aufführung vertont er eines der Gedichte aus Thomas Moores «Irish Melodies» (in französischer Übersetzung); 1830 schlüpft Camille Moke – die spätere Frau des Klavierfabrikanten Camille Pleyel –, der Berlioz in einer heftigen Romanze zugetan war, in die Rolle einer geliebten Shakespeare-Figur, des Ariel, dem Berlioz in der bezaubernden *Tempête-Fantaisie* huldigt. Musik, Literatur und Leben stehen bei Berlioz in engen, aber zugleich eigentümlich verwischten Beziehungen; sicher jedoch ist, daß der unrecht hat, der Berlioz' Werke geradewegs zu autobiographischen Konfessionen erklärt.

Als bemerkenswertes Ereignis meines Lebens muß ich noch den eigentümlichen und tiefen Eindruck beschreiben, den ich von Goethes «Faust» erhielt, als ich ihn zum erstenmal – 1828 – in der französischen Übersetzung von Gérard de Nerval las. Das wunderbare Buch faszinierte mich sogleich . . . Die Übersetzung in Prosa enthielt einige gereimte Bruchstücke, Lieder, Gesänge usw. Ich gab der Versuchung nach, sie in Musik zu setzen.[56] Die

*Die Schauspieler Richard Kemble und Harriet Smithson als Romeo und Julia.
Lithographie, 1827*

Huit Scènes de Faust – als Berlioz' erste bedeutende und umfangreichere Komposition direkt aus einer literarischen Anregung hervorgegangen – stellen offensichtlich weder ein in sich geschlossenes Werk dar (die Besetzung der einzelnen Nummern ist zu unterschiedlich, und ihr Zusammenhalt zu gering) noch eine Musik zum Schauspiel, vielmehr eine Sammlung von einzeln aufführbaren Stücken. (Fast zwei Jahrzehnte später hat sie Berlioz in *La Damnation de Faust* wiederverwendet.) Die Partitur ließ Berlioz auf eigene Kosten drucken.

Ein Exemplar des Werkes sandte er an Goethe, und er schrieb ihm: *Obgleich ich fest entschlossen war, niemals meine schwachen Akkorde mit Ihren erhabenen Versen zu vereinen, wurde die Versuchung doch nach und nach so stark, der Reiz so mächtig, daß sich die Musik zu den meisten Szenen beinahe gegen meinen Willen einstellte.*[57] Goethe, so Eckermann, war entzückt über den elegant formulierten Brief und zeigte großes Interesse für die Musik; doch seine Meinung wurde schließlich durch Carl Friedrich Zelter bestimmt, den musikalischen Berater und Duzfreund. «Gewisse Leute», so verkündete dieser, «können ihre Geistesgegenwart und ihren Antheil nur durch lautes Husten, Schnauben, Krächzen und Ausspeyen zu verstehn geben: von diesen Einer scheint Herr Hector Berlioz zu sein»; und schließlich heißt es von der Musik, sie sei eine «Abgeburt welche aus gräulichen Inceste entsteht».[58]

Berlioz beschäftigte sich ferner mit dem Plan einer *beschreibenden Symphonie (symphonie descriptive) über «Faust»*[59]; man hat vermutet (freilich ohne zwingenden Grund), Teile dieser Symphonie – sofern es sie überhaupt gegeben hat – seien in die *Symphonie fantastique* eingegangen, die Berlioz *unmittelbar nach den Huit scènes, und immer noch unter dem Einfluß des Goetheschen Gedichts*[60] komponiert hat. In der Tat erinnern die Abschnitte *Dies irae* und *Ronde du Sabbat* der *Symphonie fantastique* an die Szenenfolge «Dom» und «Walpurgisnacht» im «Faust».

Dennoch ist die *Symphonie fantastique* nichts weniger als eine Faust-Symphonie. Verquickt mit autobiographischen Momenten – genauer: Autobiographischem, gebrochen im Spiegel der Literatur – vereinen sich hier Reminiszenzen an «Faust» und an Chateaubriands «René», Anspielungen auf Victor Hugos Balladen und auf Thomas de Quinceys «Opium Eater», Parallelen zur poetischen Welt Byrons zu einem wahrhaft «phantastischen» Ganzen. Die Mischung verschiedener literarischer Elemente, mit assoziativer Freiheit aus einem Fundus an Belesenheit und emotionalem Engagement an Literatur entspringend, ist überhaupt für Berlioz bezeichnend. So schmückt er beispielsweise das Titelblatt der *Symphonie fantastique* mit (für das Werk irrelevanten) Zitaten aus Shakespeares «Lear» und Hugos «Feuillets d'automne»; die *Huit Scènes* tragen Motti aus Moores «Irish Melodies», aus Shakespeares «Hamlet» und «Romeo und Julia»; der *Méditation* – der Beschwörung der Pharaonen – in *Cléopâtre* stellt Berlioz einen Vers aus Julias letztem Monolog voran. *Ich war sogar ungeschickt genug, den englischen Vers als Motto auf meine Partitur zu schreiben, und schon dies allein war für Akademiker der Schule Voltaires, wie meine Richter es waren, ein unverzeihliches Verbrechen.*[61]

34

François-René Vicomte de Chateaubriand. Gemälde (Ausschnitt) von Girodet de Roucy-Trioson, um 1808

«SYMPHONIE FANTASTIQUE»

Zur *Symphonie fantastique*, die man als erstes exemplarisches Werk jener Gattung «Programmusik», die die Komponisten und mehr noch die Ästheten ein Jahrhundert lang in ihren Bann gezogen hat, zu zählen pflegt, existieren, das mag befremdlich erscheinen, mehrere Versionen des Programms. Sein Text hat eine große Anzahl von Änderungen erfahren, mehr als die Musik selbst, und zum größten Teil nicht mit diesen korrespondierend. Es zeigt sich, daß, pointiert formuliert, die Gesamtheit der verschiedenen Versionen für das Verständnis von Stellung und Aufgabe des Programms wichtiger ist als der Text einer bestimmten Fassung.

Von den vier Versionen, auf die sich die zahlreichen Varianten des Programms reduzieren lassen, sind nur die beiden letzten allgemein bekannt, die den früheren und den späteren Druckausgaben (1845 und nach 1855) der Partitur beigegeben wurden. Ein wichtiger Unterschied zwischen diesen beiden besteht darin, daß die letzte Version die ganze Symphonie, nicht nur die beiden Schlußsätze, als Vision im Opiumrausch deutet. Diese Änderung – sie ist von der Musik selbst ganz unabhängig – resultiert offensichtlich aus

35

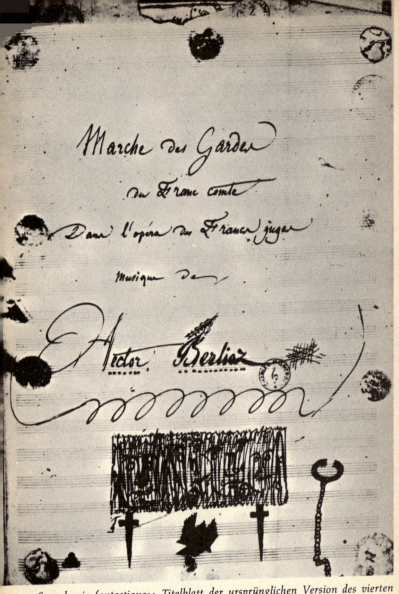

«Symphonie fantastique»: Titelblatt der ursprünglichen Version des vierten Satzes (Marsch aus der Oper «Les Francs-Juges»)

der Koppelung der *Symphonie fantastique* mit dem Monodrame *Lélio.* Wahrscheinlich hat man sich die von Berlioz in der letzten Fassung vorgeschlagene *dramatische* Ausführung der *Symphonie fantastique* so vorzustellen, daß Lélio, auf der Vorderbühne schlummernd, die Symphonie träumt, die – wie ja anschließend auch die ganze Musik des *Lélio* bis zum letzten Monolog dieses Stücks – hinter dem Vorhang gespielt wird. (*Épisode de la vie d'un artiste* lautete der Obertitel zunächst für die *Symphonie fantastique,* später für beide Werke.) – Im übrigen weisen die zahlreichen Veränderungen der Programmtexte keineswegs eine einheitliche Tendenz auf; eine naheliegende Annahme, in der letzten Version sei die genaueste Übereinstimmung von Musik und Programm erreicht, ginge fehl. So ist eine ganze Reihe musikalischer Details teils in früheren Fassungen des Textes genauer berücksichtigt, teils in späteren.

Zur Frage, ob das Programm dem Konzertpublikum in die Hand gegeben werden solle, hat Berlioz sich unterschiedlich geäußert. Fordert er einmal die Verteilung des Programms als *unerläßlich* für das *vollständige Verständnis des dramatischen Plans des Werkes*[62], so heißt es im Vorspann zur letzten Fassung, *streng genommen* könne bei einer Aufführung der Symphonie allein, ohne das Monodrame, *das Austeilen des Programms unterbleiben,* würden nur die Titel der Sätze genannt. *Der Verfasser schmeichelt sich mit der Hoffnung, daß die Symphonie an und für sich und abgesehen von aller dramatischen Absicht ein musikalisches Interesse beanspruchen darf.*

Der Widerspruch zwischen diesen beiden Äußerungen ist ein ebenso scheinbarer wie der, daß Berlioz mit der gleichen Musik immer wieder abweichende Programmtexte verbunden hat. Denn das Programm soll weder eine genaue Beschreibung der Musik sein noch ihre Erklärung; aber es erleichtert das Verständnis des *instrumentalen Dramas*[63], das die *Symphonie fantastique* zugleich ist. *In der Tat handelt es sich keineswegs darum – wie manche offenbar geglaubt haben –, hier eine genaue Reproduktion dessen zu geben, was der Komponist mit den Mitteln des Orchesters auszudrücken sich bemüht hatte. Genau das Gegenteil ist der Fall: Um die Lücken in der Entwicklung des dramatischen Gedankens zu füllen, die von der musikalischen Sprache notwendigerweise offen gelassen werden, mußte er zur geschriebenen Prosa Zuflucht nehmen, um den Plan der Symphonie darzulegen und zu rechtfertigen. Der Verfasser weiß sehr wohl, daß die Musik weder das Wort noch die Kunst der Zeichnung zu ersetzen imstande sein wird.*[64]

Aus der Verknüpfung von Musik und Programm, wie sie in der *Symphonie fantastique* geschaffen wurde, hat Berlioz kein Prinzip gemacht. Er hat nicht etwa eine neue Gattung «Programmusik» konsolidiert, vielmehr in einer Reihe von Werken, die man zusammenfassend als «dramatische Symphonien» bezeichnen könnte (sie stehen alle zwischen den Gattungen), immer wieder ein neues Verhältnis zwischen Musik und Text quasi experimentell gestaltet: *Lélio ou Le retour à la vie,* das die Fortsetzung der *Symphonie fantastique* darstellende *Monodrame lyrique,* verbindet die Musikstücke durch gesprochene Monologe; die Konzert-Symphonie *Harold en Italie* hat charakterisierende Satzüberschriften; *Roméo et Juliette,* die *symphonie dramatique,* ist mit doppelter Exposition, vokal-instrumental, durchgeführt; *La Damnation de Faust* schließlich tendiert zur konzertanten Oper.

Erst Franz Liszt blieb es vorbehalten, eine Verbindung von Instrumental-musik und «Programm» zum künstlerischen Prinzip zu erheben; überzeugt von der «Notwendigkeit eines näheren Anschlusses der Musik im allgemeinen und der reinen Instrumental-Musik insbesondere an Poesie und Literatur»[65], vorzugsweise an «Meisterwerke der Literatur»[66], die die Musik mit ihren Mitteln weitergestalte. Der Komponist müsse «Ideen haben . . . um die Kundgebungen seiner Kunst in Bilder zu gruppieren, die durch einen poetischen oder philosophischen Faden untereinander verbunden sind: dann ist das große Wort der ‹Zukunftsmusik› erreicht»[67].

Auffallend an der *Symphonie fantastique*, legt man die Maßstäbe traditioneller Formbegriffe an, ist nicht nur die Ausdehnung der Ecksätze, sondern vor allem ihre Unübersichtlichkeit. Beide Sätze breiten vor dem Hörer eine Fülle an musikalischen Charakteren an, an Kontrasten, an assoziativen Bildern; sie haben etwas überreich Erzählerisches, das von fern schon an Mahlersche Symphonien gemahnt. Dieser neue Reichtum, der der Musik zuwuchs – und es ist nicht übertrieben, in der *Symphonie fantastique* ein epochales Werk zu sehen –, wurde nicht zuletzt dadurch ermöglicht, daß die semantische Dimension die Aufgabe des Zusammenhalts zu einem wesentlichen Teil übernahm. Obwohl durch ein verbales Programm dem Komponierten bloß beigegeben, stellt sie einen unabdingbaren Bestandteil des Werkes dar, kein unterhaltsames Akzidens, das auch entfallen könnte, oder eine Deutung, die nach Belieben der Komposition übergestülpt werden könnte.

Das zentrale Mittel der Integration der Symphonie ist jene in allen Sätzen wiederkehrende Melodie, die Berlioz mit dem – der Pathologie entlehnten – Ausdruck *idée fixe* bezeichnet; denn gleich einer Zwangsvorstellung kehre, so führt das Programm aus, diese Melodie, zusammen mit dem Bild der Geliebten, für das sie einsteht (folgerichtig spricht Berlioz auch von einer *double idée fixe*), in der Phantasie des Helden beständig wieder. Berlioz hat hier als erster die Technik des semantischen «Erinnerungsmotivs» aus der Oper (sie begegnet nicht selten in der vorromantischen französischen wie deutschen Oper) in die Instrumentalmusik übertragen und damit für die «Programmusik» des ganzen 19. Jahrhunderts entscheidende Bahnen abgesteckt.

Element der Oper ist auch das Evozieren unmittelbar bildhaft-szenischer Wirkungen, beispielsweise durch die Glocken im *Dies irae* des Finale, die laut Anweisung *derrière la scène*, hinter der Bühne, aufzustellen sind. (Die Glocken können durch mehrere Klaviere ersetzt werden – die früheste Verwendung des Klaviers als eines quasi-Schlaginstruments. Auch in der *Tempête-Fantaisie* werden Klaviere in ähnlicher Weise eingesetzt.) *Derrière la scène* postiert ist auch die Oboe zu Beginn des dritten Satzes, die im Duett der beiden Hirten dem Englischhorn die zweite, antwortende Stimme zuspielt. (Der Titel dieses Satzes, *Scène aux champs*, ist im übrigen sicher eine Anspielung auf die «Szene am Bach» in Beethovens Pastoral-Symphonie.) Das Vorbild für Ferninstrumente «hinter der Szene» findet sich natürlich in der Bühnenmusik: in separaten Orchestern (Tafelmusik des «Don Giovanni»), in von außen hereinklingenden Signalen (Pizarros Fanfare im «Fidelio»). Als erster überträgt Berlioz dieses Mittel in den Zusammenhang einer Musik, die keine Bühnenhandlung begleitet, dafür selbst zum Dramatisch-Szenischen tendiert. (Es ist fast überflüssig, hervorzuheben, daß dieses «hin-

*«Symphonie fantastique»: aus dem ersten Satz
(Kompositionsautograph mit Korrekturen)*

ter der Szene», die vorübergehende Einführung räumlicher Dimensionen also, einer imaginären Szenerie, fortan aus der Musik des 19. Jahrhunderts nicht wegzudenken ist; bis hin zu Mahlers Symphonien, in denen Ferninstrumente und -orchester eine bedeutsame Rolle spielen.)

Auf die Bühnenmusik geht auch der Grundsatz zurück, daß die Instrumentation dem (dramatisch bedingten) Ausdruck zu dienen habe, und zwar unter Vorrang gegenüber dem bloß «Schönen». Für die Zusammenklänge mehrerer Pauken etwa, wie bei der Gewitterdarstellung am Schluß des dritten Satzes, gibt es direkte Vorbilder in der französischen Oper. Das bemerkenswerte Ergebnis, daß hier kein «Klang» entsteht, sondern ein Geräusch, negiert Grundsätze herkömmlicher musikalischer Ästhetik.

Robert Schumann widmete der *Symphonie fantastique* – er kannte das Werk nur durch den von Franz Liszt hergestellten und 1834 veröffentlichten Klavierauszug – eine umfangreiche Abhandlung, publiziert in seiner «Neuen Zeitschrift für Musik».[68] Der Wille, dem Werk gerecht zu werden und Berlioz als Bundesgenossen für eine romantische Musik zu reklamieren, steht in diesem Text eigentümlich quer zu einer instinktiven Ablehnung der brutalen, gewalttätigen Züge der Symphonie und vor allem einer expliziten Verurteilung des Programms. «Ganz Deutschland schenkt es ihm: solche Wegweiser haben immer etwas Unwürdiges und Charlatanmäßiges.» Von Schumanns zentralem ästhetischem Begriff des «Poetischen» aus war das «Triviale», und dazu gehörte auch das Erzählen einer Geschichte, eine negative Kategorie.

«Wollte man», beschließt Schumann seine Analyse, «gegen die ganze Richtung des Zeitgeistes, der ein Dies irae als Burleske duldet, ankämpfen, so müßte man wiederholen, was seit langen Jahren gegen Byron, Heine, Victor Hugo, Grabbe und ähnliche geschrieben und geredet worden. Die Poesie hat sich auf einige Augenblicke in der Ewigkeit die Maske der Ironie vorgebunden, um ihr Schmerzensgesicht nicht sehen zu lassen; vielleicht daß die freundliche Hand eines Genius sie einmal abbinden wird.»

Die *Symphonie fantastique* gehört, mit ihrer unprätentiös «phantastischen» Mischung der verschiedensten Elemente, literarischer wie autobiographischer, einer dunkleren Richtung der Romantik zu, wie sie, vor allem in der Musik, im deutschen Bereich weniger Verständnis finden konnte: Einer Romantik, die sich Rausch und Traum und ungehemmter Tätigkeit der Phantasie hingibt; die eine Affinität hat zum Pathologischen, zum Bizarren; der jähe Wechsel von Stimmungen, Ironie und Parodie (das Finale mutet an wie eine vorwegnehmende Parodie aller späteren «metaphysischen» symphonischen Choral-Finales à la Bruckner), Verzerrung und Deformation Mittel des künstlerischen Ausdrucks sind.

Romantisch ist auch, um noch einen letzten Aspekt der *Symphonie fantastique* anzusprechen, daß der Künstler als der einsame Held dargestellt wird. (Die Konzeption der «Heldensymphonie», typisch für das 19. Jahrhundert bis zu Richard Strauss, leitet sich offensichtlich von der Beethoven-Exegese ab.) Die romantische Deutung von Kunst als Quasireligion und die des Künstlers als eines heldengleichen Prometheus, der aus der himmlischen Welt ewiger Schönheit ihren Abglanz den Menschen vermittelt, verschränkt sich mit dem – aus der wachsenden Isolierung des Künstlers in der Gesellschaft resultierenden – Zwang zu kompensierender Stilisierung des Künstlers in die unangreifbar erhabene Position eines Sachwalters des Absoluten, eines Helden-Priesters. Wahrer als die affirmative Übersteigerung eines Liszt («Tasso») und die gründerzeitliche Pose eines Strauss («Ein Heldenleben») ist die Antwort, die Berlioz in seiner *Épisode de la vie d'un artiste* auf dieses Problem gegeben hat: daß derartige Maßnahmen den Künstler vor immer tieferer Vereinsamung nicht schützen werden – der Künstler-Held der *Symphonie fantastique* endet in der Einsamkeit des Rausches, im Traum vom Tod, in Isolierung und Entfremdung.

Von Geld ist die Rede, von wem noch?

«Ich akzeptiere also . . .

... den von Ihnen vorgeschlagenen Betrag, nicht weil ich meine Meinung über meine Forderung geändert habe, sondern – verzeihen Sie werther Herr Direktor die Bemerkung – weil mir nichts anderes übrig bleibt.» So bittstellerisch und doch nicht ohne Stolz schrieb der Mann, der von sich sagte, er habe seine «mit den neuesten Errungenschaften und der größten Leistungsfähigkeit versehene Fabrik in meinem Kopf». Aber bis in seine vierziger Jahre mußte er in finanzieller Bedrängnis oder, wie er es nannte, in «pekuniärer Mittellosigkeit» leben. Die Herausgabe seiner ersten Werke hatte er noch selbst finanzieren müssen: «Auf eigene Kosten! Ein paar antike Wohnungsgegenstände haben dazu herhalten müssen.»

Nach dem Wunsch seiner Mutter (der Vater war früh gestorben) sollte er Regierungsbeamter werden und trat deshalb mit 19 Jahren eine (unbesoldete) Stelle als Rechnungspraktikant in Wien an, aber der Posten war ihm verhaßt: «Ich habe für die Aussicht einer Besoldung und Pension in einem Büro mit jedem Gruß, mit jeder Antwort gelogen.» Schon nach zwei Jahren konnte er den Dienst quittieren, weil der Familie ein Erbe zugefallen war. Aber nun mußte er sich jahrelang um Verwaltung und Bewirtschaftung des Familiengutes kümmern und fand, daß eine «Kombination von Landwirtschaft und Musik» undenkbar war.

Als er vierzig geworden war, fand in Berlin die Uraufführung eines seiner Werke statt, das heute zu den Klassikern der Opernbühne zählt, ja, für das wichtigste musikalische Bühnenwerk des 20. Jahrhunderts überhaupt gehalten wird. Mit den Erfolgen dieses Werkes flossen zum erstenmal die Tantiemen, erhielt er zum erstenmal regelmäßige monatliche Zahlungen von 1000 Schilling. Aber schon wenig später wurde seine Musik in Deutschland verboten, und schon stockten die Einnahmen wieder. Ein Jahr darauf, am Heiligen Abend des Jahres 1935, starb der Komponist. Von wem war die Rede?

(Alphabetische Lösung: 2-5-18-7)

Pfandbrief und Kommunalobligation

Meistgekaufte deutsche Wertpapiere - hoher Zinsertrag - schon ab 100 DM bei allen Banken und Sparkassen

Verbriefte Sicherheit

UNFREIWILLIGE IDYLLE: ROM

Ich mußte also, ob ich wollte oder nicht, mich der Académie in Rom zuwenden.[69] Berlioz geht zunächst nach La Côte, bricht erst im Februar 1831 über Lyon nach Marseille auf, erlebt eine gefahrvolle Überfahrt nach Livorno und trifft schließlich im März in Rom ein. Es ist eine Reise ohne Begeisterung, nur durch *alberne Notwendigkeit*[70] veranlaßt; im Oktober 1830 hatte Berlioz, der im obligatorischen Rom-Aufenthalt nur eine lästige Unterbrechung der Arbeit an seiner Karriere in Paris sah, an den Innenminister ein Gesuch um Dispens von der Reise gerichtet, ohne Erfolg allerdings.

Als eine Stadt der Melancholie beschreibt Chateaubriand, der 1828 Gesandter am Vatikan war, «dieses so traurige und so schöne Rom», das er leidenschaftlich liebt. Rom war damals eine verschlafene Provinzstadt, und Berlioz, der *aus dem Zentrum der Zivilisation* kam, *fand sich nun auf einmal abgeschnitten von Musik, Theater, Literatur, Anregungen, kurz von allem, worin mein Leben bestand ... die Langeweile* drohte ihn umzubringen.[71] *Unter allen Künstlerexistenzen gibt es keine traurigere als die eines fremden Musikers, der die Kunst liebt und hier zu wohnen verdammt ist.*[72]

Schauer[73] der Bewunderung erregen in ihm freilich die Reste antiker Größe – er schwärmt, wie Stendhal und unzählige Italienreisende seiner Zeit, für die erhabene Einsamkeit des Kolosseums, zumal wie sie in einer Mondnacht sich darbietet – und die gewaltige Dimension der Peterskirche: *Das ist so groß! so vornehm! so schön! so majestätisch ruhig!* Hier erwartet Berlioz eine Musik zu hören, *die den unaufhörlichen Lobgesang der anderen Künste zusammenfaßt und mit mächtiger Stimme zu den Füßen des Ewigen emporträgt.*[74] Grenzenlos ist die Enttäuschung über die *trostloseste Wirklichkeit*[75], über die Vokalpolyphonie Palestrinas, jenes berühmten *Komponisten, wenn man mit mit diesem Namen Musiker bezeichnen darf, die ihr Leben damit zubrachten, Akkordfolgen ... zusammenzustoppeln*[76]. *Er konnte keine andere Musik schreiben, das ist die Wahrheit*[77], urteilt Berlioz, unbeschwert von historistischer Bildung.

Die Villa Medici, der Sitz der Académie de France, *liegt auf dem Monte Pincio, der die Stadt beherrscht und von dem man eine der schönsten Aussichten der Welt genießt*[78]. Die 22 Stipendiaten haben eine *nahezu unbeschränkte Freiheit*; wohl sind *die Pensionäre gehalten, jedes Jahr ein Bild, eine Zeichnung, eine Medaille oder eine Partitur an die Pariser Académie zu schicken, ist aber diese Arbeit einmal gemacht, so können sie ihre Zeit anwenden, wie ihnen gutdünkt*[79]. Von Berlioz' Hausgenossen muß Émile Signol (1804–92) genannt werden; von ihm stammt Berlioz' Porträt, *das, wie es der Brauch ist, vom ältesten unsrer Maler gemacht wird und in der Galerie des Speisesaales seinen Platz findet*[80]. (Das Gemälde hängt heute noch in der Villa Medici.)

Bald machte Berlioz die Bekanntschaft von Felix Mendelssohn Bartholdy, der auf seiner grand tour ein halbes Jahr in Rom zubrachte. Man unternimmt gemeinsame Spazierritte in die Campagna. Dem um sechs Jahre Jüngeren bringt Berlioz rückhaltlos Bewunderung entgegen: *... ich glaube fest, daß er eine der größten musikalischen Begabungen unserer Zeit ist*[81], ein *enormes, außergewöhnliches, überragendes, wunderbares Talent*[82], und Berlioz lobt an Mendelssohn auch höchste menschliche Qualitäten. Die Liebe war freilich

41

Die Villa Medici in Rom, 1832

nicht gegenseitig. Mendelssohn findet wenig Geschmack an Berlioz' «affektiertem» Wesen: «Ich mag diesen nach außen gekehrten Enthusiasmus, diese den Damen präsentierte Verzweiflung und die Genialität in Fraktur, schwarz auf weiß, ein für allemal nicht ausstehen.»[83] Vor allem ist ihm aber Berlioz' Musik ein Greuel: «Seine Instrumentierung ist so entsetzlich schmutzig und durcheinander geschmiert, daß man sich die Finger waschen muß, wenn man mal eine Partitur von ihm in der Hand gehabt hat. Zudem ist es doch auch schändlich, seine Musik aus lauter Mord und Not und Jammer zusammenzusetzen»[84], urteilt der fünfundzwanzigjährige Deutsche, schon ganz Klassizist, 1834 über die Ouverture *Les Francs-Juges*.

In Rom hatte ich keine Briefe aus Paris vorgefunden. Sie hätten mehrere Tage vor mir dort sein sollen.[85] Camille Moke hüllte sich in Schweigen; des reizenden Ariel Liebe – wenn man je davon sprechen konnte – war verflogen. *Drei Wochen lang wartete ich mit wachsender Sorge; schließlich bestand ich darauf, nach Frankreich zurückzukehren. In Florenz erhält Berlioz eine Epistel, die er als unerhört und beleidigend empfindet: Madame Moke zeigte die Heirat ihrer Tochter mit Monsieur Pleyel an.*[86] Berlioz beschließt im Augenblick, *in Verkleidung nach Paris zu fliegen und dort zwei schuldige Frauen und einen unschuldigen Mann erbarmungslos umzubringen.* Versehen mit der *vollständigen Toilette einer Zofe, von einer Modistin in wenigen Stunden angefertigt, und einem Paar Doppelpistolen*[87], macht sich der Rächer auf den Weg nach Frankreich. Im Verlauf der Fahrt jedoch erlebt

*Felix Mendelssohn Bartholdy.
Lithographie von A. Lemoine*

er, die *Mémoires* beschreiben es mit Einfühlung und subtiler Ironie, daß sein Plan sich wie eine schauspielerische Rolle verselbständigt. *Ich überlegte mit großer Sorgfalt die kleine Komödie, die ich bei meiner Ankunft in Paris spielen wollte. Ich stellte mich bei meinen Freunden gegen neun Uhr abends ein, wenn die Familie zum Tee versammelt war; ich ließ mich als die Kammerfrau der Gräfin M. melden... man führte mich in den Salon; ich übergab einen Brief, und während man damit beschäftigt war ihn zu lesen, zog ich aus meinem Busen die Doppelpistolen... Oh welch hübsche Szene! Es ist wirklich schade, daß sie gestrichen wurde!*[88]

In Nizza schließlich ist *der Kampf zwischen Leben und Tod*[89] entschieden; die bald eintreffende Zusage des Akademiedirektors, in Rom werde man Berlioz mit offenen Armen empfangen[90], löst den letzten Bann. *Das Leben und die Freude eilen auf schnellen Flügeln herbei, die Musik schließt mich in ihre Arme, die Zukunft lächelt mir zu; und ich bleibe einen ganzen Monat in Nizza, laufe in den Orangenwäldern herum, tauche im Meer, schlafe in der Heide des Gebirges... Ich lebe ganz für mich allein, ich schreibe die Ouverture Le Roi Lear, ich singe, ich glaube an Gott. Genesung. Auf diese Weise habe ich in Nizza die zwanzig schönsten Tage meines Lebens zugebracht.*

Jener plötzliche Umschlag, der die eigene, zunächst durch die Emotion unreflektiert hervorgerufene Aktion als schauspielerische Handlung, als Rolle interpretiert, und damit zugleich eine Teilung der eigenen Person in Akteur und Zuschauer bewußt macht, scheint – will man nicht das Biographisch-Psychologische vom künstlerischen Werk ganz trennen – für Berlioz' dramatische Grundeinstellung recht bezeichnend zu sein. (Sie ist offenkundig verwandt mit der Dramaturgie der Distanz, des Sich-selber-Zusehens, die zum Eigensten der romantischen Literatur gehört.) Die Gefühlstemperatur, in der solche Szenen durchlebt werden, konnte freilich ein deutscher Klassizist wie Mendelssohn nur als überhitzt bezeichnen. *Die vernünftigen Leute,* meinte Berlioz seinerseits, *wissen nicht, welchen Grad von Lebhaftigkeit so das Gefühl des Daseins erreichen kann. Das Herz wird weit, die Einbildungskraft entfaltet ungeheure Flügel, man lebt mit Ungestüm, der Körper selbst nimmt teil an dieser übermäßigen Erregung.*[91]

Aus den *Mémoires* gewinnt man fast den Eindruck, Berlioz habe die wenigste Zeit in der *akademischen Kaserne*[92] zugebracht. Die Schilderungen seiner zahlreichen Ausflüge, der tagelangen Wanderungen in den Abruzzen, in der Campagna und in Latium, der Reise nach Neapel sind von einer sprachlichen Schönheit, einer Kraft der Imagination, die ahnen lassen, wie glückvoll – zumal in der Perspektive der Rückschau – diese Zeit für Berlioz war. *Grausame Erinnerung an die Tage der Freiheit, die nicht mehr sind! Freiheit des Herzens, des Geistes, der Seele, Freiheit in allem; Freiheit untätig zu sein, selbst nicht einmal zu denken; Freiheit die Zeit zu vergessen, den Ehrgeiz zu verachten, über den Ruhm zu lachen . . . Wahre, unbedingte, maßlose Freiheit! O großes und starkes Italien!*[93] In den Dörfern um Rom, wo er wie ein landstreicherndes Original bekannt ist, muß Berlioz halbe Nächte auf seiner Guitarre zum Saltarello aufspielen; und er lauscht seinerseits aufmerksam der ländlichen Musik des *wilden,* naturhaften *Italien:* Dem Klang der Pifferari, die zur Weihnachtszeit nach Rom strömen, den eigentümlich verzierten, mit gepreßtem Ton vorgetragenen *Serenaden* auf dem Lande.

Freilich ist Berlioz fast wider Willen zum Liebhaber der Volksmusik geworden. Da er die Musik, die in Theatern und Kirchen zu hören ist, nur von Herzen verabscheuen kann, hält er sich lieber an *die Bauernmusik; die hat doch wenigstens Ursprünglichkeit und Charakter*[94]. *Das künstlerische Italien,* so ist sein Eindruck, *liegt wie die «schöne Julia» in ihrem Sarg.*[95] Was der gebildete Italienreisende von heute als naive, naturhafte Unbekümmertheit zu goutieren wüßte, ist für Berlioz, kompromißlos in der Liebe zur Kunst, Anlaß zu tiefstem Abscheu: ein Kirchenkonzert etwa, das unter lautem Stimmen, Improvisieren und Gestikulieren vor sich geht; ein Organist im Benediktinerkloster Subiaco, der *bei der Messe am Palmsonntag uns* mit Rossinis «Cenerentola»-Ouverture *beehrt*[96]; ein Opernpublikum, dem die szenische Darbietung, noch ganz in der Tradition des 18. Jahrhunderts, als bloßer Hintergrund für das «gesellige Ereignis» gerade gut genug ist. Nur ein einziges Mal, im Teatro San Carlo in Neapel, meint Berlioz Musik zu hören: Eine Opera buffa Gaetano Donizettis spielt man *mit einer Verve, einem Feuer, einem Brio, die diesem Theater einen unbestreitbaren Vorrang vor den meisten Opernhäusern verleihen*[97].

In den *Mémoires* stehen bittere Passagen, in denen Berlioz seine generelle Verachtung nicht nur der gängigen Aufführungspraxis in Italien, sondern der zeitgenössischen italienischen Musik überhaupt formuliert. Die Kirchenmusik, so läßt sich sein Urteil zusammenfassen, sei nicht religiös (obwohl alles eher als kirchenfromm, hat Berlioz Religion im Sinne von Erhabenheit

*Camille (Marie) Moke (-Pleyel).
Lithographie von M.-A. Alophe, um 1830*

eines universal gestimmten Gefühls stets Wesentliches bedeutet) und die Opernmusik nicht dramatisch. *Diese Musik lacht immerzu.*[98] *Für die Italiener ist die Musik ein sinnliches Vergnügen, nichts anderes. Sie haben vor dieser schönen Kundgebung des Gedankens kaum mehr Achtung als vor der Kochkunst.*

Die kompositorischen Erträge von Berlioz' Italien-Aufenthalt sind nicht eben reichlich – es fehlte an Anlässen, an Aufträgen, an Anregung. *Man muß, wie man sieht, fast darauf verzichten, Musik zu hören, wenn man in Rom wohnt; ich war sogar ... so weit gekommen, daß ich nicht mehr komponieren konnte.*[99] Als die – von den Stipendiaten verlangte – Pflicht-

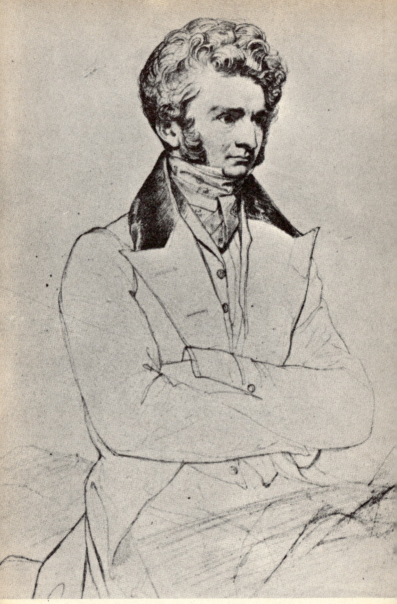

Hector Berlioz. Zeichnung, Ingres zugeschrieben, um 1832

komposition schickt Berlioz das *Resurrexit* aus der *Messe solennelle* von 1824 nach Paris, *in dem die Herren,* wie er nicht ohne Sarkasmus bemerkt, *einen sehr beachtlichen Fortschritt fanden, einen spürbaren Beweis für den Einfluß meines Aufenthaltes in Rom auf meine Ideen und die vollständige Aufgabe meiner wunderlichen musikalischen Tendenzen*[100].

In Italien komponierte Berlioz die Ouverturen *Roi Lear* und *Rob Roy*, arbeitete Teile der *Symphonie fantastique* um und schrieb das Monodrame *Lélio ou Le retour à la vie,* die Fortsetzung der *Épisode de la vie d'un artiste. Lélio* besteht, was die *Mémoires* und die Briefe verschweigen, fast zur Gänze aus bereits vorhandenen, teilweise umgearbeiteten Kompositionen; sie sind verbunden durch gesprochene Monologe, die den Zusammenhang einer imaginierten, erinnerten und geträumten Szenerie erstellen – eines der eigenartigsten Werke der gesamten Musikliteratur. Die autobiographische Komponente spielt eine deutliche Rolle: das Harriet- und das Camille-Erlebnis sind gespiegelt, das *retour à la vie* ist eine deutliche Anspielung auf die Genesung in Nizza, und in der *Chanson de brigands* klingt Berlioz' Begeisterung über die *Reize des Räuberlebens* nach, *das, trotz seiner Strapazen, heutzutage wirklich allein das für einen ehrlichen Mann würdige wäre*[101]. (Zugleich aber ist Lélio eine quasiliterarische Figur: ein Hamlet, der Byrons Züge trägt.)

Im Mai 1832, nach einem Aufenthalt von nur vierzehn Monaten, verläßt Berlioz Rom und reist nach La Côte, wo er einige Monate verbringt und das Aufführungsmaterial für *Lélio* vorbereitet. *Alle diese Villen, dies üppige Grün . . . das ist entzückend, das ist schön, es gibt in Italien nichts Ähnliches! . . . Aber meine begeisterte, naive Freude wurde plötzlich durch einen stechenden Schmerz gebrochen, den ich im Herzen fühlte . . . Mir war, als hätte ich in der Ferne das Tosen von Paris gehört.*[102] Im Oktober verläßt Berlioz La Côte, *die alte prosaischste Welt*[103] der Provinz.

TRIUMPHE – NIEDERLAGEN

Das Jahrzehnt von 1832 bis 1842 ist die fruchtbarste Periode in Berlioz' Schaffen. Er produziert eine staunenerregende Reihe von Hauptwerken und führt sie mit zumeist großem Erfolg auf; er erringt die Anerkennung führender Musiker, der literarischen und künstlerischen Elite Frankreichs; er erhält Staatsaufträge, und das Ausland beginnt auf ihn aufmerksam zu werden. Ein großer Mißerfolg freilich überschattet diese Jahre: der vergebliche Versuch, an der Opéra zu reüssieren. Doch ergibt die Lektüre der Briefe aus diesem Jahrzehnt keineswegs ein so pessimistisches Bild, wie es in den *Mémoires* gezeichnet ist, die vielfach einen larmoyanten Ton anschlagen. Die tiefe Resignation und Depression, das Bewußtsein, im Künstlerischen wie im Materiellen keine Fortune erlangt zu haben, das in Berlioz nach dem Mißerfolg des *Faust* und infolge seiner sich verschlechternden Gesundheit immer stärker wurde, haben ihn offenbar hier, in der Retrospektive, zu einer Verdüsterung der Darstellung geführt.

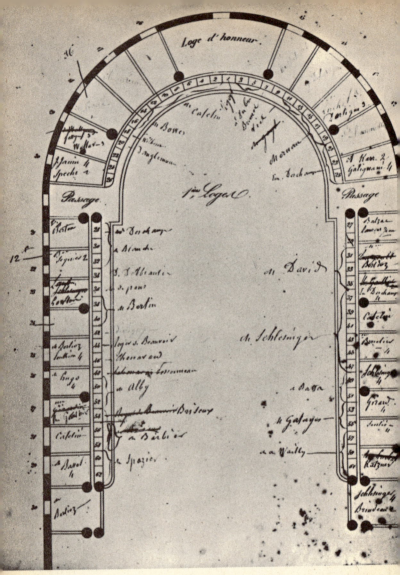

Logenplan für ein Konzert von Berlioz im Conservatoire, 1840. Unter den eingetragenen Namen die von Hugo, Vigny, Gautier, Balzac, Deschamps

François-Joseph Fétis. Lithographie von J. B. Madou, 1831

KONZERTUNTERNEHMUNGEN

Schon das erste Konzert, das Berlioz in Paris veranstaltete, wurde zu einem bedeutsamen Ereignis. Am 9. Dezember 1832 wurden im Conservatoire unter Habenecks Leitung die *Symphonie fantastique* zusammen mit der Fortsetzung *Lélio* aufgeführt. Auf Grund einer *Folge unglaublicher Zufälle* (die freilich nur möglich waren, weil Berlioz, kaum in Paris, übergangslos wieder dem imaginierten Liebesbann der Smithson verfiel, die nach Auslandstourneen nach Paris zurückgekehrt war) kam es, daß Harriet Smithson diesem Konzert beiwohnte; *sie war jedoch weit davon entfernt zu ahnen, daß sie die Heldin jenes so seltsamen wie schmerzvollen Dramas sei*[104]. Berlioz wird ihr am nächsten Tag vorgestellt; und bald darf er, in Gegenwart ihrer Schwester, das Geständnis vernehmen: «*Eh bien, Berlioz ... je vous aime*» ... *Ich glaubte den Verstand zu verlieren. Ja, sie liebt mich! Sie hat das Herz Julias, das ist meine Ophelia!*, schwärmt Berlioz, Literatur und Leben in eins nehmend.[105] Beide Familien opponieren gegen Heiratspläne, das englische Theater in Paris macht Bankrott, die Smithson bricht sich bei einem Unfall das Bein. Als sie finanziell ruiniert ist, mit ihrer künstlerischen Karriere am Ende, kaum wieder genesen, wird im Oktober 1833 in der englischen Botschaft in Paris die Ehe geschlossen. Franz Liszt ist einer der Trauzeugen.

Ich hatte einen außerordentlichen Erfolg, schreibt Berlioz am Tag nach seinem Konzert an die Schwester Adèle, *ich wurde von Beifallsstürmen erdrückt und, was mir noch nie widerfahren ist, vom Publikum, das mich vor dem Verlassen des Saals noch einmal zu sehen verlangte, lautstark hervorgerufen.*[106] Daß dieser Erfolg sich nicht nur den musikalischen Qualitäten, sondern auch den skandalös-aktuellen Anspielungen verdankte, die die *Épisode de la vie d'un artiste* offenbarte, ist wahrscheinlich. Allen Zuhörern war der Zusammenhang des Programms der *Symphonie fantastique* mit der berühmten Schauspielerin geläufig; und unverhofft kamen sie in den Genuß einer weiteren Pointe. In einem der Monologe sinnt Lélio über die Einsamkeit des Genies nach, über die Feindseligkeit, mit der *die traurigen Bewohner des Tempels der Routine* ihm begegnen und die ihm die Gesellschaft verhaßt macht. Dieser Monolog enthält einen kaum verhüllten Angriff auf Fétis, einen jener, *die entweihend die Hand an Meisterwerke zu legen wagen, und dann ihre schändlichen Verstümmelungen Verbesserungen nennen, Vervollkommnungen, zu denen, wie sie sagen, viel Geschmack gehört. Fluch über sie! Sie machen aus der Kunst ein erbärmliches Possenspiel.* (Fétis hatte einige Jahre zuvor versucht, in einer Druckausgabe von Beethovens Symphonien harmonische Härten und andere vermeintliche Fehler zu retuschieren, und, als ein öffentlicher Skandal – von Berlioz angefacht, wenn man den *Mémoires* glauben darf – drohte, kurzerhand die Urheberschaft verleugnet.) Daß Fétis, der als Kritiker *im Konzert einen gut sichtbaren Balkonplatz hatte* und einen *Ausbruch von Gelächter und Beifall*[107] erleben mußte, von nun an zu einem unerbittlichen Gegner Berlioz' werden sollte, ist nur zu verständlich.

Berlioz veranstaltet in jeder Saison mehrere Konzerte; im großen und ganzen bilden sie eine Kette künstlerischer Erfolge. Anläßlich eines Konzerts kam auch jene Verbindung Berlioz' mit Niccolò Paganini zustande, die in manchen Zügen so sehr einer Anekdote gleicht, daß sie immer den Charakter des Besonderen behalten hat. Eine Aufführung der *Symphonie fantastique*, im Dezember 1833, wurde zum *größten Erfolg, den ich hier jemals gehabt habe. Das Publikum ließ die Marche au supplice wiederholen ... Es war das erste Mal, daß mir die Ehre des «bis» zuteil wurde.*[108] Der Brief an die Schwester, aus dem eben zitiert wurde, vier Tage nach dem Konzert geschrieben, nennt anschließend die literarischen Freunde, die Berlioz gratulierten. In den *Mémoires* aber wird eine etwas andere Geschichte erzählt; vielleicht ist sie zum Teil erfunden, vielleicht soll auch nur die erzählerische Kontinuität zu späteren Ereignissen hervorgehoben werden. *Schließlich, um mein Glück zu vervollständigen, erwartete mich, als das Publikum gegangen war, ganz allein im Saal ein Mann mit langen Haaren, durchdringendem Blick und eigentümlichem verwittertem Gesicht, ein Mann, besessen vom Genie, ein Koloß unter den Riesen, ein Mann, den ich noch nie gesehen hatte –* der

50

Harriet Smithson als Ophelia

erzählerischen Pointe ist die Wahrheit geopfert – *und dessen erster Anblick mich tief verwirrte. Er hielt mich an, als ich vorüberging, um mir die Hand zu drücken, er überschüttete mich mit glühenden Lobsprüchen, die mir Herz und Kopf entflammten – es war Paganini!!*[109]

Niccolò Paganini soll bald darauf Berlioz einen Kompositionsauftrag erteilt haben. Dieses Werk, *Harold en Italie*, konnte Paganini, der die letzten Jahre seines Lebens – er starb 1840 – zumeist in Nizza verbrachte, erst im Dezember 1838 hören, zusammen mit der *Symphonie fantastique* von Berlioz dirigiert. *Mein gestriges Konzert hat einen solchen Erfolg gehabt, daß ich nicht weiß, wie ich ihn Euch schildern soll*, berichtet Berlioz dem Vater. *Nach dem Konzert kam Paganini, dieser edle und große Künstler, auf die Bühne ... In Gegenwart einiger Musiker meines Orchesters, die noch nicht gegangen waren, fiel er trotz meines Widerstands vor mir auf die Knie und erklärte, ich sei weiter gegangen als Beethoven.*[110] Zwei Tage später über-

Niccolò Paganini. Zeichnung von Jean-Auguste-Dominique Ingres, 1819

bringt Paganinis zwölfjähriger Sohn Achille den folgenden Brief mit einem Geschenk von 20 000 Francs: «Mio caro amico, Beethoven konnte nur in Berlioz wieder aufleben; und ich, der ich Ihre göttlichen Kompositionen genossen habe, die eines solchen Genies würdig sind, halte es für meine Pflicht, Sie zu bitten, als Zeichen meiner Ehrerbietung 20 000 Francs annehmen zu wollen, die Ihnen durch den Baron von Rothschild überwiesen werden.»[111] *O würdiger und großer Künstler*, schreibt Berlioz noch am selben Tag vom Krankenbett aus an Paganini, *wie kann ich Ihnen meine Dankbarkeit zum Ausdruck bringen!! Ich bin nicht reich, aber, glauben Sie mir, der Beifall eines Genies, wie Sie es sind, ergreift mich noch tausendmal mehr als die königliche Großzügigkeit Ihres Geschenkes.*[112] Schon einen Tag später las man in *Dutzenden von Zeitungen über Paganinis noble Tat*[113], die man

52

seinem notorischen Geiz niemals zugetraut hätte; die verschiedensten Gerüchte verbreiteten sich. (Die auf Liszt zurückgehende Version, Paganini sei gezwungen gewesen, seinen durch gewisse Ereignisse lädierten Ruf durch eine gute Tat wiederherzustellen, ist nicht unwahrscheinlich. Andererseits versichert Charles Hallé in seiner Autobiographie, er habe aus erster Quelle – nämlich vom Spender selbst –, die Summe sei ein Geschenk des Pressezaren Armand Bertin, des Berlioz wohlgesonnenen Besitzers des «Journal des Débats»; der habe jedoch im Hintergrund bleiben wollen.[114])

Paganinis Geschenk erfüllte zum erstenmal Berlioz' größten Wunsch: für einige Zeit keine Feuilletons und Kritiken schreiben zu müssen, sich vollständig einem großen Werk widmen zu können. *Ich arbeitete sieben Monate lang an meiner Symphonie*, an *Roméo et Juliette*, *ohne mich dabei für drei oder vier Tage im Monat irgendwelcher anderer Dinge wegen zu unterbrechen.*[115] *Roméo et Juliette* wurde im September 1839 vollendet und im November erstmals aufgeführt. Vom *großen Erfolg* berichtet Berlioz voller Freude seinem Vater; der Großteil der Presse sei ihm sehr gewogen, auch die Einnahmen – recht unschwärmerisch auf den Franc präzise angeführt – seien gut gewesen; Berlioz fühlt sich ermutigt und bestätigt. *Dieses Konzert . . . müßte mich über das tatsächlich vorhandene Interesse aufklären, das ein neues Werk von mir jetzt beim wahren Publikum erregen würde*[116]: bei der künstlerischen, literarischen und intellektuellen Avantgarde von Paris. Théophile Gautier etwa, der Schriftsteller und Kunstkritiker, nachmals Historiker der französischen romantischen Bewegung, äußerte sich begeistert: «Jedem Instrument im Orchester hat Berlioz eine Seele verliehen, jeder Note einen Ausdruck, jeder Phrase einen bestimmten Sinn»; er sieht in Berlioz den Vollender Beethovenscher Ideen.

Von der Saison 1835/36 an dirigierte Berlioz, wann immer es möglich war, seine Werke selbst; vor allem aus dem Grund, weil, auch von erfahrenen Dirigenten, *die Tempi immer falsch genommen wurden*[119] und die Musiker – worauf die Berichte über zahlreiche Pannen hinweisen – bei den spezifischen Merkmalen der Musik Berlioz' am häufigsten versagten, den rhythmischen Pointen und metrischen Unregelmäßigkeiten, den Überlagerungen verschiedener Tempi.

Gegen Ende der dreißiger Jahre begann man sich auch außerhalb von Paris für Berlioz' Musik zu interessieren. Auch in Deutschland wurde, seit Liszts Klavierauszug der *Symphonie fantastique* 1834 erschienen war, sein Name rasch bekannt. Insbesondere war es Robert Schumann, der sich in seiner «Neuen Zeitschrift für Musik» mehrfach für Berlioz einsetzte. Auf seine Veranlassung wurde 1837 die Ouverture *Les Francs-Juges* in Leipzig aufgeführt; Berlioz dankte Schumann mit einem ausführlichen, herzlich gehaltenen Brief, in dem er auch erklärt, warum er seine beiden Symphonien nicht im Druck erscheinen lassen und auch die Manuskripte nicht zu Aufführungszwecken aus der Hand geben wollte. (Mit der Ouverture *Les Francs-Juges*, deren Partitur 1836 erschienen war, hatte Berlioz eine bittere Erfahrung machen müssen: Der Leipziger Verleger Hofmeister hatte ohne Einwilligung des Komponisten einen entstellenden Klavierauszug herausgebracht.) *Ich liebe diese armen Kinder mit einer väterlichen Liebe, die nichts Spartanisches an sich hat, und ich ziehe tausendmal vor, sie unbekannt, aber unversehrt zu wissen, als sie in die Fremde zu schicken, wo sie den Ruhm finden können,*

53

aber auch schlimme Wunden und den Tod.[118] *Neue Musik, zu deren Verständnis das Publikum den Weg erst finden muß, ist in besonderem Maße auf adäquate und technisch hervorragende Aufführungen angewiesen. Der Beifall Deutschlands, dieses Vaterlands der Musik, ist in meinen Augen von zu hohem Wert und er wird mir, fürchte ich, zu schwierig zu erringen sein (wenn überhaupt ich ihn erringe), als daß ich nicht den Augenblick abwartete, in dem ich selbst als Pilger meine bescheidene Opfergabe zu seinen Füßen niederlegen könnte.* Die großen Konzertreisen, die Berlioz als Dirigent seiner Werke vor allem nach Deutschland unternehmen wird, hat er von langer Hand umsichtig geplant.

Misserfolg an der Opéra

Es gibt Briefstellen, die gute Gründe nennen für Berlioz' unablässiges Bemühen in den dreißiger Jahren, als Opernkomponist zu reüssieren: das Renommée, das eine erfolgreiche Oper in Paris einbringen würde, das damit verbundene Interesse der Verleger, und nicht zuletzt finanzielle Unabhängigkeit. *Oh! Einmal muß es doch soweit sein, vorwärts! Ich mache mir keine Sorge; wenn ich bloß das Nötige hätte, was ich zum Leben brauche ... würde ich noch ganz andere Dinge unternehmen als Opern.*[119]

Seit seiner Rückkehr nach Paris arbeitet Berlioz an mehreren Opernprojekten, von denen jedoch keines angenommen wird. (Der übliche Weg der Produktion von Opern war der feste Auftrag an den Komponisten, ein bestimmtes, vorher akzeptiertes Libretto zu vertonen.) Von *Les Francs-Juges*, schon 1826 begonnen, komponiert Berlioz, obwohl das Libretto von der Opéra abgelehnt worden war, noch bis 1835 die eine oder andere Szene; die Herausgabe der Partitur der Ouverture (1836) scheint einen resignierenden Schlußpunkt zu setzen. 1834 ist Berlioz mit der Direktion der Opéra wegen einer Oper über «Hamlet» im Gespräch. *Alle Dichter von Paris, von Scribe bis Victor Hugo, haben mir Operndichtungen angeboten; nur diese dummen Kanaillen von Direktoren hindern mich noch daran, vorwärts zu kommen.*[120]

Auch das Libretto von *Benvenuto Cellini* wird zunächst zurückgewiesen. *Bei der Opéra-comique betrachtet man mich als einen Pionier, einen Umstürzler des nationalen Genres, und man will von mir nichts wissen. Daher hat man das Libretto abgelehnt, um nicht die Musik eines Verrückten zulassen zu müssen.*[121] Im Sommer 1835 gelingt es Berlioz, Duponchel, den neuen Direktor der Opéra, für *Benvenuto Cellini* zu interessieren; er erhält die geschriebene Zusicherung ... *daß die Oper früher oder später aufgeführt werden wird*[122], jedoch, da Innenminister Adolphe Thiers, der Berlioz wenig zugetan war, sich widersetzt, keinen rechtsgültigen Kontrakt. *Duponchel ist immer mehr von dem Stück eingenommen, aber er mißtraut immer mehr meiner Musik (die er allerdings nicht kennt), und er zittert vor Angst.*[123] Meyerbeer – *der einzige von den bedeutenden Musikern, der mir wirklich lebhaftes Interesse bezeugt hat*[124] – und Bertin bewegen mich ... *meine Oper zu schreiben*[125]; der Schriftsteller Ernest Legouvé, mit Berlioz befreundet, stellte ihm mit größter Diskretion eine Geldsumme zur Verfügung, *mit deren Hilfe ich «Benvenuto» zu Ende führen konnte*[126].

Giacomo Meyerbeer. Fotografie

Bei der Premiere am 10. September 1838 *bereitete man der Ouverture einen übertriebenen Erfolg und zischte alles Übrige mit bewundernswerter Einmütigkeit und Energie aus*[127]. *Nun sehen Sie,* schreibt Berlioz zehn Tage später an Ferrand, *wir taten unrecht zu glauben, ein Libretto, in dem es um ein künstlerisches Interesse, eine Künstlerleidenschaft geht, könne dem Pariser Publikum gefallen.*[128] In der Presse kam eine heftige Diskussion in Gang. *Man publiziert Broschüren pro und contra. Es ist ein Handgemenge, in dem meine Verteidiger fast ebenso viele Torheiten vorbringen wie meine Verleumder . . . Die Franzosen haben die Leidenschaft, über die Musik zu disputieren, dabei haben sie weder die nötigsten Kenntnisse noch das Empfindungsvermögen. So war es im vergangenen Jahrhundert, so ist es jetzt, und so wird es bleiben.*[129]

Nach insgesamt sieben Aufführungen verschwand die Oper vom Spielplan. Berlioz' Hoffnung, mit einem Repertoirestück festen Fuß an der Opéra zu fassen, war gescheitert. Im Druck erschienen, entgegen Berlioz' Hoffnungen, außer dem Textbuch lediglich einige Nummern im Klavierauszug und die Partitur der Ouverture.

LES POIRES,

Faites à la cour d'assises de Paris par le directeur de la CARICATURE.

Vendues pour payer les 6,000 fr. d'amende du journal le *Charivari*,

(CHEZ AUBERT, GALERIE VÉRO-DODAT)

Si, pour reconnaître le monarque dans une caricature, vous n'attendez pas qu'il soit désigné autrement que par la ressemblance, vous tomberez dans l'absurde. Voyez ces croquis informes, auxquels j'aurais peut-être dû borner ma défense :

Ce croquis ressemble à Louis-Philippe, vous condamnerez donc ?

Alors il faudra condamner celui-ci, qui ressemble au premier.

Puis condamner cet autre, qui ressemble au second.

Et enfin, si vous êtes conséquens, vous ne sauriez absoudre cette poire, qui ressemble aux croquis précédens.

«Die Birnen». Karikatur auf Louis-Philippe von Charles Philipon

IN DER JULI-MONARCHIE

Hervorgegangen (wenn auch nicht als deren Ziel) aus einer revolutionären Bewegung, die die über vierhundertjährige Herrschaft der Bourbonen beendet hatte, steuerte die konstitutionelle Juli-Monarchie Louis-Philippes von Orléans sehr bald wieder auf reaktionären Kurs. Vor allem auf Negationen sich berufend, auf das Nein zum Legitimismus wie auf das Nein zur Idee der Republik, übte sie steigenden Druck auf das politische Leben aus, bediente sich wieder der Pressezensur; sie scheiterte schließlich, wie die Restauration, am zunehmenden Widerstand gegen die Beschränkungen des Wahlrechts.

Die Juli-Monarchie begünstigte das aufsteigende Bürgertum, in dem Züge des modernen Kapitalismus hervortreten, das «juste-milieu» als die staatserhaltende Schicht. («Juste-milieu» bezeichnete ursprünglich, in einer Grundsatzerklärung Louis-Philippes von 1831, die «richtige Mitte» der Herrschaftsform, wurde jedoch bald schon verallgemeinernd und im pejorativen Sinn gebraucht.) Bezeichnend ist der Ausspruch, der François Guizot (dem Ministerpräsidenten der letzten acht Jahre der Monarchie, als dessen Devise galt, man könne nur mit Vernunft und Kanonen regieren) als stereotype Antwort auf Reformbegehren zugeschrieben wird: «Bereichert euch durch Arbeit und Intelligenz!»

Innen- wie außenpolitisch stagnierend – «Frankreich langweilt sich», pflegte der Dichter und Abgeordnete Alphonse de Lamartine zu sagen –, war es doch eine Epoche der Unruhe. Attentate und Verschwörungen, Putsche (1836 versuchte Louis-Napoléon zum erstenmal an die Macht zu kommen) und Arbeiteraufstände waren fast an der Tagesordnung. Die Stimme der sozialen Reform und Revolution – Charles Fourier, Pierre-Joseph Proudhon, Louis-Auguste Blanqui – wird unüberhörbar, der unbarmherzige Spott der Karikaturen Honoré Daumiers und Charles Philipons zu einem immer mächtigeren Ausdruck der Opposition.

Im kulturellen Leben jener Epoche fällt eine große Bewegung auf, an der die geistige Elite und die breiten Volksmassen gleichermaßen Anteil haben: der Kult, der sich postum um Napoleon entfaltete. «Lebend hat er die Welt nicht erobert, tot besitzt er sie», formuliert Chateaubriand lapidar. (Der Glanz des großen Namens, der untilgbare Erinnerungen an die Gloire Frankreichs in sich trug, hat schließlich Louis-Napoléon, dem Neffen, nach den kurzen Jahren der II. Republik auf den Kaiserthron verholfen.) Napoleon wird zum großen gemeinsamen Mythos, der die Phantasie beschäftigt, während «das Staatswesen mehr und mehr einer Erwerbsgesellschaft ähnlich wurde» (Friedrich Sieburg). Pierre-Jean Béranger, ein politischer Chansonnier, war der unermüdliche Sänger der Napoleon-Legende; Berlioz nimmt *die schlechten Verse von Béranger*[130] für seine – aus freien Stücken, nicht etwa als Auftragswerk komponierte – Kantate *Le cinq mai* zum Gedenken an Napoleons Todestag. Louis-Philippe selbst begann den Bonapartismus zu unterstützen; er ließ das Standbild des Kaisers wieder auf der Vendôme-Säule errichten und die von Sankt Helena nach Paris überführten sterblichen Überreste Napoleons mit einer pompösen Staatsfeier im Invalidendom beisetzen (15. Dezember 1840).

Im übrigen jedoch führen die Literatur und die bildende Kunst der Epoche – Daumiers Karikaturen ausgenommen, die unmittelbar auf das Zeitgeschehen reagieren – ihr eigenes Leben; «der geistige Reichtum der Juli-Monarchie entfaltet sich mehr gegen sie als mit ihr» (Sieburg). Für das Œuvre Hugos und Balzacs, Stendhals und Vignys, Gérard de Nervals, George Sands und Théophile Gautiers, die Malerei Corots, Delacroix' und Courbets ist, wollte man einen gemeinsamen Nenner suchen, der gleichsam nahtlose Übergang von Romantik zu Realismus charakteristisch, kurz, der Beginn einer modernen Kunst. In solchen Zusammenhängen kann aber, wirft man einen Blick auf die französische Musik, nur Berlioz genannt werden. (Womit zugleich ein Grund für die tragische Isolierung der künstlerischen Existenz Berlioz' angegeben ist.)

Im Musikleben der Juli-Monarchie dominiert die Oper und das Virtuosenkonzert. Zunächst von revolutionärem Elan getragen – in Aubers «Die Stumme von Portici» (1828) und Rossinis «Guillaume Tell» (1829) hatte sich politische Begeisterung mit der künstlerischen vermischt –, beschränkte sich die Grand opéra bald wieder auf den Bereich des Großartig-Repräsentativen, für den auch die Herrschaft des Balletts, unumgänglich selbst bei ernstesten Stoffen, charakteristisch ist. Berlioz' großes Jahrzehnt in Paris ist gleichzeitig dasjenige Meyerbeers, der mit «Robert le diable» (1831), noch mehr mit «Les Huguenots» (1836) triumphale Erfolge feiert. Von aller zeitgenössischen Opernmusik – Auber und Halévy sind noch zu nennen, und vor allem die Italiener: Rossini (der zwar nach «Tell» keine Oper mehr schreibt, aber der musikalische Abgott von Paris bleibt), Bellini und Donizetti – ist diejenige Meyerbeers die einzige, die in ihrer dramatischen Intention mit Berlioz' Musik verglichen werden kann: Und doch, um wieviel konventioneller, glatter, eingängiger, weniger zupackend, schlicht gesagt, weniger modern ist Meyerbeer, während bei Berlioz immer wieder Unvorhergesehenes eintritt, das die Hörererwartungen vorwärtstreibt.

In den letzten Jahren von Berlioz' Dezennium ist auch Richard Wagner in Paris, als unbekannter kleiner Komponist, dem auch Meyerbeers Empfehlung an die Opéra nichts nützt, und der sich mit Korrekturen und Klavierauszügen Donizettischer Opern, die er für Maurice Schlesinger anfertigt, vor dem Verhungern rettet. (In ähnlicher Situation hatte Berlioz im selben Alter für denselben Verleger mit demselben Abscheu die Korrekturen von Rossinis «Tell» gelesen.) «Die phantastische Kühnheit und scharfe Präzision», rühmt Wagner, als er sich später an den starken Eindruck erinnert, den ihm Berlioz' *Roméo et Juliette* gemacht hatte, «mit welcher hier die gewagtesten Kombinationen wie mit den Händen greifbar auf mich eindrangen, trieben mein eignes musikalisch-poetisches Empfinden mit schonungslosem Ungestüm scheu in mein Inneres zurück. Ich war ganz nur Ohr für Dinge, von denen ich bisher gar keinen Begriff hatte und welche ich mir nun zu erklären suchen mußte.»[131]

Franz Liszt konzertiert seit 1824 in Paris, wo er zwölf entscheidende Jahre seines Lebens verbringt; Frédéric Chopin tritt 1832 zum erstenmal auf; man bewundert Baillot und Paganini, Vieuxtemps und Thalberg. Neben dem Salon spielt zusehends die Soirée eine Rolle, die die Künstler selbst veranstalten und in deren Zentrum die Musik und die Gespräche um Musik stehen. Liszts Soiréen waren Ereignisse, an die sich schon damals der Ruf des Legendären heftete. *O Du unermüdlicher Vagabund*, schreibt Berlioz 1839 an Liszt nach Italien, *wann kehrst Du zu uns zurück, um uns wieder die musikalischen Abende zu veranstalten, bei denen Du so würdig den Vorsitz führtest?*[132]

Im Pariser Musikleben, das auf die Große Oper und das unterhaltsam leichte Genre der Opéra comique, auf Ballett und Virtuosenkonzert eingeschworen ist, kommt Berlioz als dramatischem Symphoniker von vornherein kein rechter Platz zu. Berlioz' Isolierung, die später sein Leben und sein Lebenswerk so tragisch verdüstert, zeichnet sich durch diese Konstellation schon in den dreißiger Jahren ab, trotz der Erfolge, trotz offizieller Anerkennung. Freilich hat Berlioz um die Gunst des großen Publikums – obgleich ihm daran gelegen war, denn er wollte es auf den «rechten Weg» bringen – nicht gebuhlt, und der Indifferenz des Publikums seinerseits Verachtung entgegengesetzt. *Denn die Liebe der Pariser Musik geht nicht so weit, daß sie sie Pferderennen und anderen Schauspielen fürs Auge vorzögen.*[133] Berlioz weigert sich, Rossini, dessen Musik er verabscheut, vorgestellt zu werden. Es gibt wenige Musiker, die für Berlioz zählen: Meyerbeer, Paganini, Chopin; an erster Stelle aber Liszt, der geliebte Freund, mit dem ihn im Menschlichen wie im Künstlerischen so viel verbindet, der verwöhnte Erfolgreiche, der so selbstlos sein konnte.

Im übrigen fühlt sich Berlioz mehr zu den Literaten hingezogen; er ist mit Hugo und Vigny befreundet, deren neue Werke er mit Begeisterung aufnimmt, mit Antony Deschamps, Gérard de Nerval, Thomas Gounet und Joseph d'Ortigue. *Meine Freunde,* berichtet er der Schwester Adèle im Mai 1834, *sind für einen halben Tag zu mir gekommen . . .: Alfred de Vigny, Antony Deschamps, Liszt, Hiller und Chopin. Wir haben geplaudert, über Kunst, Dichtung, Geist, Musik und Drama diskutiert, schließlich über alles, was das Leben ausmacht.*[134] Das große Interesse an allem Literarischen, besonders auch an der zeitgenössischen Poesie, und die generelle Ausrichtung des musikalischen Schaffens an der Literatur hat Berlioz übrigens mit Liszt gemeinsam.

Mit zwei Kompositionsaufträgen ist Berlioz vom französischen Staat bedacht worden: 1837 für das *Requiem,* 1840 für die *Symphonie funèbre et triomphale.*

Die Geschichte des *Requiems,* vom Auftrag bis zur Honorierung, sah Berlioz in den *Mémoires* als ein von Intrigen bestimmtes Schicksal; wahrscheinlich jedoch war hier die rasche Aufeinanderfolge politischer Ereignisse mehr im Spiel als beabsichtigte Böswilligkeiten. Im März 1837 hatte der Innenminister Adrien Comte des Gasparin Berlioz den Auftrag erteilt, ein Requiem *für den Jahrestag des Todes von Marschall Mortier*[135] zu schreiben. (Édouard Mortier war eines der Opfer des Attentats Giuseppe Fieschis von 1835.) *Der Text des Requiems war für mich eine langbegehrte Beute, die mir endlich überlassen wurde, und auf die ich mich mit einer Art Wut warf. Mein Kopf schien unter der Anstrengung meines glühenden Denkens fast zu platzen.*[136] Luigi Cherubini hatte zunächst auf seinem traditionellen Recht bestanden, ein eigenes «Requiem» bei dieser Staatszeremonie aufzuführen; jedoch, da eine ministerielle Ordre an Berlioz ergangen war, darauf verzichtet. (Die Schilderung in den *Mémoires* hingegen spricht von rachsüchtigen Intrigen Cherubinis.) Dann versuchte der Direktor der Kunstakademie, ein begeisterter Rossini-Verehrer, die Ausfertigung der Ordre zu hintertreiben, denn er war von der bevorstehenden Kabinettsumbildung (15. April 1837) – einem in der Juli-Monarchie fast alltäglichen Ereignis – unterrichtet.

Im Juli, die Proben hatten schon begonnen, *erhielt ich aus dem Ministerium einen Brief mit der Mitteilung, daß die Trauerfeierlichkeiten für die Julihelden ohne Musik stattfinden würden, und mit dem Befehl, alle meine Vorbereitungen einzustellen*[137]. Während Berlioz Monate später wieder einmal wegen der Erstattung der Kosten für die Kopisten und Musiker verhandelte, verkündeten *die Kanonen des Invalidendoms die Einnahme von Constantine,* einen wichtigen strategischen Sieg in der 1830 begonnenen Eroberung Algiers. Für einen *feierlichen Gedenkgottesdienst* für den gefallenen General Charles Comte de Damremont erneuerte nun, vorzüglich dank eigener Initiative des Komponisten, der Kriegsminister den Auftrag des Requiems an Berlioz.

Am 5. Dezember fand im Invalidendom *in Gegenwart der Prinzen, der Minister, der Pairs, der Abgeordneten, der ganzen französischen Presse, der Korrespondenten ausländischer Zeitungen und einer großen Menschenmenge*[138] die Aufführung des *Requiems* statt. (Habeneck, dem Berlioz die Leitung abgeben mußte, hätte sie durch eine sonderbare Ungeschicklichkeit beinahe zu Fall gebracht.) *Wahrhaftig, es war von schrecklicher Größe. Sie haben den Brief des Kriegsministers gelesen; ich habe noch, ich weiß nicht wie viele, andere in der Art bekommen . . . von verschiedenen Künstlern, von Malern, Musikern, Bildhauern, Architekten und Dichtern.*[139]

Die Honorierung des Komponisten und der Ausführenden wurde vom Ministerium nicht gerade überstürzt abgewickelt, doch offenbar nicht, wie Berlioz es in den *Mémoires* dramatisch schildert, böswillig hintertrieben. Nicht *acht Monate* später, wie er dort angibt[140], erhielt er 3000 Francs, sondern am 1. Februar 1838 hat Berlioz 4000 Francs quittiert; die Partitur des *Requiems* wurde Besitz des französischen Staates. 1838 erschien die Druckausgabe – nach den *Huit Scènes de Faust* war es die erste Publikation eines größeren Werkes von Berlioz –; ein Exemplar durfte er persönlich dem Herzog von Orléans überreichen, *der sich seit langem auf dieses Werk subskribiert hatte. Der Prinz war sehr liebenswürdig und freundlich.*[141]

Höchste offizielle Erfolge und Anerkennung erzielte Berlioz auch mit seinem zweiten Auftragswerk, der *Symphonie funèbre et triomphale* für die Feierlichkeiten anläßlich des *zehnten Jahrestages der Revolution von 1830 und der Überführung der mehr oder weniger heldenhaften Opfer der drei Tage in das Monument, das für sie auf der Place de la Bastille errichtet worden war*[142]. (Die neuerrichtete Bastillesäule, am Platz der 1789 zerstörten Bastille, wurde bei dieser Feier eingeweiht, und die Asche der Freiheitshelden zu ihren Füßen beigesetzt.) Der Innenminister gratulierte Berlioz zum Erfolg, und der Herzog von Orléans nahm, kurz vor seinem Unfalltod im Juli 1842, die Widmung der Partitur entgegen.

Worauf Berlioz freilich mehr Wert gelegt hätte, blieb ihm versagt: ein geeigneter staatlicher Posten, der den Lebensunterhalt und die Kontinuität kompositorischer Arbeit sicherte. Berlioz' Musik lief dem herrschenden Geschmack zuwider, so erschien ihr Komponist nicht unterstützungswürdig, und Intrigen haben gewiß eine Rolle gespielt. 1836 und 1837 wurde Berlioz für Stellungen in den staatlichen Aufsichtsorganen der Musikerziehung vorgesehen, jedoch nicht ernannt; am Conservatoire fand man, vermutlich infolge Cherubinis Einfluß, Berlioz für eine Professur für Harmonielehre wie auch, einige Jahre später, für Komposition nicht geeignet. 1839 erhielt er *dann alles in allem und noch immer trotz Cherubini die Stelle eines Bibliothekars am Conservatoire*[143], die schlecht bezahlt war.

MISEREN

Gleich einem jammervollen Basso ostinato durchziehen Berlioz' Klagen über seine finanzielle Lage die Briefe dieses Jahrzehnts, das ihm in steigendem Maße Anerkennung als Komponist eingebracht hat. Unter Geldnöten beginnt Berlioz seine Existenz in Paris und seine Ehe, am *Abgrund der Schulden meiner Frau*[144]; nach sieben Jahren sieht es kaum anders aus. Nach den Aufführungen von *Roméo et Juliette*, künstlerisch ein einziger großer Erfolg, schreibt Berlioz deprimiert seiner Schwester Adèle: *Noch niemand hat es gewagt, dreimal hintereinander eine einzige Symphonie, und zwar dieselbe, zu geben – ich tat's, und dieses Experiment entlockte den Taschen des Publikums 13 000 Francs; im ganzen beliefen sich die Unkosten auf 12 000 Francs, Du siehst, wieviel mir bleibt . . . es ist erbärmlich, nicht wahr?*[145]

Seinen Lebensunterhalt verdient Berlioz in der *Zwangsarbeits-Existenz*[146] als Kritiker. *Ich arbeite wie ein Neger für vier Zeitungen, die mir das tägliche Brot geben.*[147] *Das wirklich Schreckliche in dieser Situation ist, daß meine Zeitungen mir nicht ein Viertel oder ein Sechstel einbringen von dem, was ich mit meinen Konzerten gewinnen könnte, wenn ich komponieren könnte*[148], wofür wiederum kaum mehr die Zeit bleibt. Doppelt tragisch insofern, als Berlioz in den dreißiger Jahren für seine Kunst innerhalb des Musiklebens – dessen gegenwärtigen Zustand er gleichwohl verachtet – noch durchaus reale Chancen erblickt: *Es ist wahrscheinlich, daß die Franzosen in sechs oder sieben Jahren anfangen werden, die wahre Musik zu begreifen. Was mich betrifft, so habe ich mein Publikum, das täglich größer wird.* Einige Jahre später hat Berlioz resigniert. *An die Stelle meiner heftigen musikalischen Leidenschaft*, notiert er im Herbst 1841, *ist eine Art Kaltblütigkeit getreten, Resignation, oder Verachtung, wenn Sie wollen, all dem gegenüber, was mich an der Praxis und am zeitgenössischen Geschehen der Kunst abstößt; ich bin weit entfernt davon, mich darüber aufzuregen.*[149]

Auch in Berlioz' privatem Existenzbereich hatte sich die Szene verdüstert. Die ersten Jahre der Ehe waren glücklich, und der *kleine Louis*, der im Jahr nach der Eheschließung zur Welt kam, *das süßeste und hübscheste Kind, das ich je gesehen habe*[150]. Die Idylle schwand langsam. Harriet Smithson alterte, wurde reizlos und begann ihren Kummer über ihr endgültiges Aus als Schauspielerin zu ertränken; Berlioz wandte sich anderen Frauen zu. Im Oktober 1841 schreibt er an Ferrand: *Mir scheint, es geht mit mir in schrecklicher Schnelligkeit bergab; das Leben ist so kurz! Ich werde gewahr, daß der Gedanke an das Ende mir seit einiger Zeit so oft kommt! Darum pflücke ich nicht die Blumen, die meine Hand beim Herabgleiten auf dem holprigen Weg erreichen kann, ich reiße sie eher in wilder Begier ab.*[151] In dieses Jahr wahrscheinlich datiert der Anfang seiner Liaison mit der neun Jahre jüngeren Marie Martin, die sich Recio nannte, einer Sängerin, über deren künstlerischen wie menschlichen Qualitäten Schatten liegen. Die Recio begleitete Berlioz – oft genug gegen seinen Willen – auf den meisten Reisen der folgenden Jahre; obwohl sie ihm besonders mit ihrem künstlerischen Ehrgeiz nicht selten mehr als lästig wurde, war die Verbindung dauerhaft.

OPER UND DRAMATISCHE SYMPHONIE

«BENVENUTO CELLINI»

Das Sujet entstammt den *Memoiren, die dieser Bandit von Genie geschrieben hat*[152]. (Benvenuto Cellinis Autobiographie erschien 1822 erstmals in einer französischen Übersetzung; wahrscheinlich hat Berlioz das Buch aber erst Anfang der dreißiger Jahre kennengelernt.) *Sein Charakter liefert mir in mancher Hinsicht ein vorzügliches Sujet*[153], schreibt er im Mai 1834, als der Auftrag zu einer zweiaktigen Opéra comique feststeht. *Gewisse Episoden aus dem Leben Benvenuto Cellinis hatten mir den lebhaftesten Eindruck gemacht.*[154] Das Libretto, verfaßt von Auguste Barbier und Léon de Wailly, ist eine freie Phantasie über die Memoirenbücher; Namen, Orte, Begebenheiten werden neu zusammengesetzt. Statt Cosimo I. de' Medici figuriert Papst Clemens VII.; beim neidsüchtigen Konkurrenten Fieramosca scheint es sich um Baccio Bandinelli zu handeln; für die vielen Händel und Streitigkeiten des hitzigen Cellini steht der Totschlag in der Fastnacht. Der Guß der Perseus-Figur von 1533, des berühmtesten Werkes des Bildhauers, ist von Florenz nach Rom verlegt; und die Ultimatumssituation, die Intrigen des Konkurrenten, schließlich Cellinis heroische Opferung seiner übrigen Kunstwerke sind freie dramatische Zuwürzungen des Librettisten. (In der Autobiographie ist von zweihundert Zinntellern die Rede, die Cellini ins Feuer wirft. Und das ist offensichtlich Aufschneiderei.)

In der Stilisierung des Cellini zum Übermenschen – dem imaginären Inbegriff des «Renaissancekünstlers» – spiegelt sich das Bild des romantischen Künstlers, des Genies, eines Außenseiters in jeder Hinsicht. Der Rückgriff auf die Renaissance wird zu einer Art historischer Legitimation; *Benvenuto Cellini* als neuerliche «Épisode de la vie d'un artiste». Jedoch: das Künstlerdrama – ein zentrales Thema der romantischen, insbesondere der französischen Literatur – hier als Opéra comique, als Satire (was jedenfalls die Gegenspieler des Helden betrifft). Parallelen zu Wagners «Meistersingern» sind oft gezogen worden.

Nachromantische Kritik am romantischen Künstlerdrama setzte eben an diesem «Princip . . . der socialen und politischen Ausnahmestellung des Künstlers» an. Hans von Bülow[155], im übrigen ein Bewunderer der Musik Berlioz', verweigert *Benvenuto Cellini* «das Prädikat eines Kunstwerks im höheren Sinne»: «. . . es ist als Kunstwerk zu unvollkommen und in seiner Totalität zu verfehlt, um dem Publikum der Zukunft zu genügen.» Denn, so argumentiert Bülow, offensichtlich nicht ohne den Einfluß Wagnerscher Gedankengänge, für die «schiefe Stellung, welche unser modernes Publikum dem Künstler gegenüber einzunehmen gewöhnt worden ist», sind weniger – wie Berlioz es interpretiert – Trägheit und Ignoranz der Zurückgebliebenen, der Masse, verantwortlich, sondern «wir geben sogleich von vornherein zu, daß der Künstler es ist, der die Schuld an der Verkehrung seines Verhältnisses zum Publikum trägt».

Darüber hinaus bringt Bülow – und sein Urteil sei hier stellvertretend für viele zitiert – deutliche Kritik am dramaturgischen Aufbau des Werkes vor. Trotz der Einheit von Ort und Zeit (*Benvenuto Cellini* spielt in Rom an drei aufeinanderfolgenden Tagen, Rosenmontag bis Aschermittwoch) müsse

Kostümentwurf für den Darsteller der Titelfigur in «Benvenuto Cellini» von P. Lormier, 1838

schon die geradzahlige Einteilung – zwei Akte, vier Bilder – «als Hauptverstoß gegen die Form» gerügt werden, denn die «ästhetische Notwendigkeit» einer Gliederung in drei oder fünf Akte liege «in der Natur des Dramas überhaupt»; und insbesondere sei das letzte Bild «zusammengeflickt» und «ermüdend», der Gang der dramatischen Handlung werde künstlich aufgehalten – kurzum: zu lang. Hans von Bülow bearbeitete denn auch, auf Liszts Wunsch, vor allem den zweiten Akt, zog seine zwei Bilder zu einem zusammen, dem «3. Akt» der «Weimarer Fassung». Die vorgeblichen untragbaren Längen der Oper sind freilich in erster Linie darauf zurückzuführen, daß die ursprünglich gesprochenen Dialoge durch langatmige Rezitative ersetzt wurden. Eine Fassung des *Benvenuto Cellini* als Opéra comique – der ersten Konzeption des Werkes sehr nahestehend –, wie sie die bisher einzige Schallplattenproduktion darbietet, ist jedenfalls sehr überzeugend: ursprüngliche Akteinteilung und Szenenfolge, ungekürzt, gesprochene Dialoge.

Bei den Zeitgenossen stieß nicht nur der häufig unpathetische Stil des Librettos, seine gelegentlichen Vulgarismen und die dramaturgische Gesamtanlage (*ich sehe heute noch nicht, inwiefern es geringer ist als so und so viele andere, die man tagtäglich aufführt*[156]) auf Ablehnung, sondern vor allem – Aufführungsmängel mögen das ihre dazu getan haben – Berlioz' Musik, eine schnell bewegliche, auf breit ausgeführte Wiederholungen verzichtende, rhythmisch intrikate, nicht «melodiös» eingängige Musik. *Wichtig ist, daß man mich oft hört, sehr oft. Ich rechne auf meine Partitur.*[157] Den Erwartungen und dem Geschmack des damaligen Hörers kommt *Benvenuto Cellini* wenig entgegen: Die so beliebten Typen wie Arie oder Duett, Romanze und Cavatine – mit denen Grand opéra wie Opéra comique der Zeitgenossen nicht zu geizen pflegten – sind hier selten, ein Ballett gibt es überhaupt nicht. Aber zahlreiche lebhafteste Ensemblesätze, höchst virtuos und von enormen Ausdrucksmöglichkeiten. In seiner Vielschichtigkeit dürfte das Finale des ersten Aktes kaum zu überbieten sein, die große Szene des Fastnachtsdienstags, die sich von grotesker Komik – «Theater im Theater» bei den pantomimischen Hanswurstiaden – bis zu Mord und Totschlag spannt, eine «Scene voller Bewegung», um aus Franz Liszts Beschreibung zu zitieren, «voller Leidenschaft, Aufregung, voller Gegensätze zwischen Helle und Dunkel, zwischen heiterem Lachen und dem Röcheln des Sterbens, zwischen üppigem Leben und schnellem Tod, zwischen Liebe und Mord, Zorn und Feigheit – eine Scene, in der die Menge zum ersten Mal mit ihrer großen und tosenden Stimme spricht». Berlioz habe hier «alles überboten, was die dramatische Musik bis jetzt in großen ergreifenden Gemälden aufweisen kann».[158] Schier unbegreiflich, daß sich seit Jahrzehnten mehr keine deutsche Opernbühne dieses Meisterwerks angenommen hat.

«Harold en Italie»

Niccolò Paganini habe, berichteten Pariser Zeitungen im Januar 1834, «von Berlioz eine neue Komposition nach Art der *Symphonie fantastique*» erbeten. «Dieses Werk soll den Titel haben: Die letzten Augenblicke der Maria Stuart, dramatische Fantasie für Orchester, Chor und Solobratsche.»[159] Im März schreibt Berlioz an Humbert Ferrand: *Ich bin dabei, die Symphonie mit Solobratsche zu vollenden, mit der mich Paganini beauftragt hat. Ich rechnete damit, sie in nur zwei Sätzen zu machen, aber mir kam noch ein dritter, dann ein vierter; ich hoffe jedoch, daß ich mich daran halte.*[160] Ob ein Kompositionsauftrag Paganinis tatsächlich bestanden hat, ist, mangels weiterer Belege, jedoch nicht sicher; selbst wohlmeinende Berlioz-Biographen haben von einem «Reklamemanöver» gesprochen, vom Komponisten inszeniert. Paganini pflegte jedenfalls nur als Violinvirtuose aufzutreten, und nur mit eigenen Kompositionen. (Wahr ist freilich auch, daß er sich für Berlioz' Musik interessiert hat.)

Nach Abschluß der Komposition schrieb Berlioz im August 1834: *Ich glaube, Paganini wird finden, daß die Bratsche nicht genügend konzertmäßig behandelt ist; es ist eine Symphonie nach einem neuen Plan . . .*[161] Die *Mémoires* jedoch kolportieren eine dramatischere Geschichte: *Kaum war der erste Satz geschrieben, als Paganini ihn sehen wollte. Beim Anblick der Pausen, die die Bratsche im Allegro hat, rief er aus: «Das geht nicht! Ich schweige hier viel zu lange, ich muß immerfort zu spielen haben!» . . . Ich erkannte, daß mein Plan der Komposition ihm nicht passen konnte, und befaßte mich nun, ihn mit einer anderen Intention durchzuführen, und mich nicht weiter darum zu kümmern, die Solobratsche besonders hervorzuheben.*[162]

Der erste Satz weist in der Tat weder in der Form noch im Habitus konzerttypische Elemente auf; er ist ein regelrechter, nur eben auf besondere Weise instrumentierter Symphoniesatz. Im zweiten und im dritten Satz sind die thematischen Partien des Soloinstruments (mit Ausnahme der Coda des dritten Satzes) nur noch dem «Harold»-Thema vorbehalten; und im Finale – es ist, als hätte Berlioz hier erleichtert den ursprünglichen Konzert-Plan endgültig aufgegeben – hat der Solist lediglich in den sechs eingeblendeten Zitaten und Reminiszenzen zu fungieren. *Ich stellte mir vor, für Orchester eine Folge von Szenen zu schreiben, an denen sich die Solobratsche wie eine mehr oder weniger aktive Rollenfigur beteiligen würde, die dabei ihren eigenen Charakter bewahrt.*[163]

In der *Symphonie fantastique* wird die *idée fixe*, neben zitatartigen Einblendungen, breitesten Ausdrucksvariationen unterworfen. Am «Harold»-Thema hingegen fällt vor allem die Konstanz auf, mit der es durch das Werk geht: Das Tempo entspricht bei allen seinen späteren Auftritten ungefähr dem der ersten Präsentation (erster Satz, Einleitung), und die Melodie wird nicht thematisch verarbeitet, nur metrisch leicht entstellt, beim letzten Zitat dann (vierter Satz, T. 80ff) ins Gestaltlose aufgelöst. Ein zweites, dem ersten korrespondierendes Merkmal des «Harold»-Themas ist seine Isolierung. Es verbindet sich den anderen Themen nicht, wird ihnen vielmehr (im zweiten und im dritten Satz) aufgesetzt, in harter Kontrastierung der melodischen und metrischen Strukturen, die Harolds melancholische Einsamkeit bildhaft-szenisch veranschaulicht. (Die Einführung des «Harold»-Themas, in der Einleitung des ersten Satzes, *scènes de mélancolie* betitelt, gibt das Motto für seinen Charakter.) *Harolds Gesang überlagert sich den anderen Melodien des Orchesters, bildet zu ihnen durch seine Bewegungsart (mouvement) und seinen Charakter einen Kontrast, ohne die Entwicklung zu unterbrechen.*[164] In den Szenerien des zweiten Satzes, des Pilgerzugs (der übrigens in seiner Faktur eine berühmte Szene des «Tannhäuser» vorwegnimmt) und der *Sérénade* (dritter Satz) bleibt Harold der Außenseiter: nicht bloß unbeteiligter Zuschauer, sondern dem Geschehen innerlich entfremdet. Vom Finale, *dieser rasenden Orgie, wo der Rausch des Weines, des Blutes, der Freude und des Zorns zusammenwirken, wo der Rhythmus bald zu stolpern, bald wild vorwärts zu drängen scheint, wo wie aus metallenem Munde Flüche geschleudert werden und Gotteslästerungen auf flehende Stimmen antworten, wo man lacht, trinkt, schlägt, zerbricht, tötet, schändet und sich schließlich*

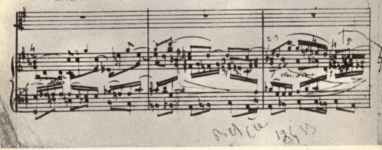

«Harold en Italie»: Klavierauszug von Franz Liszt

Lord Byron in albanischer Tracht. Gemälde von Thomas Phillips

amüsiert[165] – von diesem wilden Geschehen distanziert Harold sich noch drastischer: Er beschwört *souvenirs de scènes précédentes*, Zitate aus den vorangehenden Sätzen, die in das Finale eingefaßt sind (technisches Vorbild hierfür natürlich die «Rückblenden» in einigen Spätwerken Beethovens).

«Programmusik» ist *Harold en Italie* lediglich in dem allgemeinen Sinne, daß Überschriften die szenischen Charaktere der Sätze festlegen. Das Werk ist keine Vertonung von Literatur: Mit dem Canto IV von Byrons «Childe Harold's Pilgrimage» (1818), der in Italien spielt, hat es nicht eine Szene gemeinsam. *Ich wollte die Bratsche in den Mittelpunkt poetischer Erinnerungen stellen, die ich von meinen Wanderungen in den Abruzzen behalten hatte, eine Art melancholischen Träumer wie Byrons Childe Harold.*[166] Also eher «Berlioz in Italien»; oder anders gesagt: noch einmal – nach der *Épisode de la vie d'un artiste* – eine Künstler-Symphonie unter dem Schatten Byrons. Die Berufung auf Byron, wenn sie mehr bedeuten soll als einen modischen literarischen Aufhänger, meint die Beschwörung der einsamen, melancholisch reflektierenden Helden bei Byron, der Gestalt des Harold, mehr noch des Manfred. (Berlioz selbst hat diese Attitüde geliebt, in der sich, wie ja auch in Byrons Person, Leben und Literatur durchdringen.)

«Roméo et Juliette»

Stellt sich hier, entschiedener noch als bei *Harold en Italie*, die Frage, welcher Gattung das Werk zuzuordnen sei, so wird andrerseits diese Frage selbst relativiert, sofern man – wofür einiges spricht – einen inneren, «problemgeschichtlichen» Zusammenhang jener fünf Werke untereinander postuliert, die durch ihre Konzeption Gattungsgrenzen generell überschreiten: *Symphonie fantastique, Lélio, Harold en Italie, Roméo et Juliette, La Damnation de Faust*. Man könnte sagen, Berlioz experimentiere mit den Normen der Tradition; aber auch, er kreise mit stets wieder anderen Lösungen eine neue «Gattung» sui generis ein, die sich freilich weniger durch formale Merkmale definieren ließe als durch einen Ideenkomplex. Kennzeichnend für sie wäre eine stets wieder neue Verbindung von ausdruckshafter instrumentaler Sprache auf der Basis symphonischer Traditionen mit szenisch-dramatischer Imagination und semantischer Präzision von Vokalmusik.

Suchte man nach einem Oberbegriff, so käme «Dramatische Symphonie» (*symphonie dramatique*) am nächsten. Diesen Untertitel hat Berlioz für *Roméo et Juliette* gewählt. *Zweifellos*, schreibt er im Vorwort des später gedruckten Klavierauszugs, *wird man sich über die Gattung dieses Werkes nicht täuschen können. Obschon hier oft Singstimmen verwendet werden, so handelt es sich weder um eine konzertante Oper (opéra de concert) noch um eine Kantate, sondern um eine Symphonie mit Chor (symphonie avec chœurs). Wenn der Gesang nahezu von Anfang an mitwirkt, so geschieht dies, um den Zuhörer auf die dramatischen Szenen vorzubereiten, deren Gefühle und Leidenschaften durch das Orchester ausgedrückt werden sollen.* Und doch führt Berlioz weiterhin über das Finale aus: *Diese letzte Szene der Versöhnung zwischen beiden Familien gehört allein in das Gebiet der Oper oder des Oratoriums.* In diesem Widerspruch spiegelt sich die Stellung des Werkes jenseits von Gattungen. Auch hat Berlioz zwei unterschiedliche Gliederungen von *Roméo et Juliette* vorgenommen (im Autograph und im Erstdruck): Tendiert die eine mehr zur Szenennumerierung der Oper, so die andere zur Satzzählung der Symphonie. (Die heute übliche Gliederung von *Roméo et Juliette* in «Drei Teile» stammt von den Herausgebern der ersten Gesamtausgabe aus den Jahren nach 1900.) Ein Ergebnis dieser «Gattungsüberschreitungen» ist nicht zuletzt die Fülle der musikalischen Charaktere des Werkes, die sich vom Symphoniesatz zur Grand opéra spannt.

Symphonie avec chœurs: das war damals die übliche Bezeichnung für Beethovens «Neunte Symphonie». Auf dieses Werk spielt Berlioz auch an, wenn er schreibt, *die Chormassen, deren zu unvermitteltes Auftreten der Einheit des Werks hätte schaden können, seien in der musikalischen Entwicklung allmählich einzuführen gewesen;* was man als eine Kritik an Beethoven lesen kann, oder als eine Entschuldigung für die Abweichung vom Vorbild.

1831 notierte Berlioz in Florenz, aus Anlaß von Bellinis neuer Romeo-und-Julia-Oper «I Capuleti ed i Montecchi», an der ihn vor allem das Libretto enttäuschte: *Welch ein Sujet! wie ist alles darin für die Musik vorgezeichnet!*[167] Als er acht Jahre später an die Komposition dieses Sujets ging, benützte er für die Sterbeszene in der Gruft eine Version, die von David Garrick (1717–79) kreiert worden war, dem berühmten englischen Schauspieler: Hier erwacht Julia noch vor Romeos Tod, den Liebenden sind letzte gemeinsame Augenblicke gegönnt. Eine hochdramatische Fassung, über die Berlioz schreibt, sie sei *eine der rührendsten, die das Theater besitzt*[168] – im selben Atemzug, mit dem er über die Unsitte herzieht, Meisterwerke der Musik und der Literatur zu bearbeiten. (Man spielte übrigens bis weit ins 19. Jahrhundert hinein die Shakespeareschen Dramen fast durchweg in bearbeiteten Versionen.)

Die Gesamtanlage von *Roméo et Juliette* könnte man als «doppelte Durchführung» des Sujets bezeichnen. Nach einer ouverturenartigen *Introduction*, deren Inhalt der Eröffnungsszene bei Shakespeare entspricht, ein ausgedehnter *Prologue*, der durch Chor und zwei Soli den ganzen Handlungsverlauf des Dramas vorwegnehmend berichten, teils auch kommentieren läßt. Es folgt, als die zweite Durchführung, eine große fünfsätzige Symphonie (nach heutiger Zählung die Teile II/1–3 und III/1–2), fast durchweg instrumental; nur umrahmende Partien, der szenischen Veranschaulichung dienend, sind vokal. Offenkundig sind hier Reminiszenzen an traditionelle Satzcharaktere der Symphonie: der große Kopfsatz mit langsamer Einleitung und zwei Themen (II/1), das Adagio (*Scène d'amour*, II/2) und das Scherzo (*Fee Mab*, II/3). Das große *Finale* nach der Symphonie (III/3) entspricht in seinem Opernhabitus der Ouverture.

Mit dem Kunstgriff des *Prologue* erreicht Berlioz nicht nur eine musikalische Geschlossenheit – alle später wichtigen Themen, von der *Fête*-Musik bis zum Begräbnisgesang, werden im *Prologue* kurz angespielt –, er gibt ihm vor allem die Möglichkeit, Höhepunkte der dramatischen Handlung durch reine Instrumentalsätze zu repräsentieren und diese zugleich doch einer Mißdeutung des intendierten Inhalts zu entziehen.

Der Musiker mußte, so führt Berlioz über die Instrumentalsätze aus, *seiner Phantasie einen Spielraum gönnen, den der festgelegte Sinn gesungener Worte nicht zugelassen hätte, und zur instrumentalen Sprache seine Zuflucht nehmen, einer reicheren, mannigfaltigeren, weniger fixierten Sprache, und einer gerade in einem solchen Fall durch ihre Unbestimmtheit unvergleichlich wirkungsvolleren.* Das Zentrum des Werkes bilden die Instrumentalsätze, *Scène d'amour, Fee Mab* und *Roméo au tombeau*. In diesem letzten Satz vor allem ist die Differenzierung der musikalischen Sprache, die Beredtheit des instrumentalen dramatischen Ausdrucks so weit vorangetrieben, daß er sich von herkömmlichen formalen wie thematischen Zusammenhangsbildungen weitgehend emanzipiert hat.

Die Protagonisten des Dramas sind keine singenden Figuren, sie stehen im ungebundenen Raum der Imaginationskraft instrumentaler Musik. *Roméo et Juliette*, komponiert nach dem Desaster mit *Benvenuto Cellini*, ist von der Prämisse eines Opernsurrogats her nicht interpretierbar; die gängige Meinung, Berlioz sei im Grunde nur ein verhinderter Opernkomponist, ist weniger als eine halbe Wahrheit, birgt zudem ein schiefes ästhetisches Werturteil. *Die Musik hat weite Flügel, die sie in den Mauern eines Theaters nicht ganz entfalten kann.*[169] Das hat Berlioz schon 1834 geschrieben.

MONUMENTALMUSIK

An den für weite Räume und für eine große Anzahl von Ausführenden und Zuhörern konzipierten Werken Berlioz' – *Requiem, Symphonie funèbre et triomphale, Te deum* – fallen einige Charakteristika auf, die sie von den übrigen Instrumental- und Vokalwerken unterscheiden: breite Entwicklungszüge, Beschränkungen in thematischer und rhythmischer Verarbeitung, zahlreiche Wiederholungen und großflächige Ostinati, Ausnutzung elementarer Raumwirkungen. Daß Berlioz, der an aufführungstechnischen und akustischen Fragen stets interessiert war (so hat er beispielsweise bei vielen seiner Werke genaue Hinweise auf Besetzungsstärken und Aufstellung der Ausführenden gegeben), hier den besonderen Zwecken angepaßte musikalische Mittel einsetzt, ist selbstverständlich. (Musik von rascher, beweglicher Faktur, in einem weiten, halligen Raum aufgeführt, verlöre Sinn und Wirkung.) Nur haben schon die Zeitgenossen daraus einen Vorwurf gemacht, der sich bis heute als generalisiertes Vorurteil am Leben erhalten hat: den des pompös Monumentalen, das mit primitiven Mitteln gewalttätige Überraschungseffekte erziele. Hier vereinigt sich ein ästhetisches Fehlurteil – auch «Massenmusik» ist bei Berlioz nicht primitiv, und nur selten von plakativer Struktur – mit einer klassizistischen und zugleich moralisierenden Animosität gegen materiale Fülle an sich, gegen die Üppigkeit musikalischer Mittel und gegen elementare musikalische Wirkungen.

«REQUIEM»

Man hat das *Requiem* mit Fresken Michelangelos verglichen (dazu Berlioz nonchalant: *. . . dieses berühmte Fresko der Sixtinischen Kapelle hat in mir lediglich eine vollkommene Enttäuschung hervorgerufen*[170]) oder mit Bildern des englischen Malers John Martin (1789–1854), des Schilderers schauriger Szenen aus Bibel und Literatur, die auf Schrecken und Katastrophenlust spekulieren. Heinrich Heine hat diesen Vergleich zuerst aufgestellt und in allgemeinster Form für Berlioz reklamiert. In der «Augsburger Zeitung» schrieb er 1844 über die «Musikalische Saison in Paris» anläßlich eines Berlioz-Konzerts: «Hier ist ein Flügelschlag, der keinen gewöhnlichen Sangesvogel verrät, das ist eine kolossale Nachtigall, ein Sprosser von Adlersgröße, wie es deren in der Urwelt gegeben haben soll. Ja, die Berliozsche Musik überhaupt hat für mich etwas urweltliches, wo nicht gar antediluvianisches, und sie mahnt mich an untergegangene Tiergattungen, an fabelhafte Königstümer und Sünden, an aufgetürmte Unmöglichkeiten: an Babylon, an die hängenden Gärten von Semiramis, an Ninive, an die Wunderwerke von Mizraim, wie wir dergleichen erblicken auf den Gemälden des Engländers Martin. In der Tat, wenn wir uns nach einer Analogie in der Malerkunst umsehen, so finden wir die wahlverwandteste Ähnlichkeit zwischen Berlioz und dem tollen Briten: derselbe Sinn für das Ungeheuerliche, für das Riesenhafte, für materielle Unermeßlichkeit. Bei dem einen die grellen Schatten- und Lichteffecte, bei dem andern kreischende Instrumentierung; bei dem einen wenig Melodie, bei dem andern wenig Farbe, bei beiden wenig Schönheit und gar kein Gemüt . . .»[171]

Im *Postskriptum* der *Mémoires* weist Berlioz diese Kritik Heines, aus der er zitiert, als einseitig zurück, und er zeigt zugleich, daß es bei den Monumentalwerken konkret um ungewöhnliche, neuartige musikalische Probleme gegangen sei: um die kompositorische Bewältigung des großen Raumes und der *Gewalt der musikalischen Massen*[172], *deren Lösung ich versucht habe . . . durch die Anwendung von außerordentlichen Mitteln*[173] Berlioz nennt zwei Beispiele von mehreren im Raum verteilten Klanggruppen und fährt fort: *Aber hauptsächlich ist es die Form der Sätze, die Breite des Stils und die furchtbare Langsamkeit gewisser Entwicklungen, ohne daß man ihr Ziel errät, was diesen Werken ihr seltsam gigantisches Aussehen, ihren kolossalen Habitus verleiht.* Entschiedenen Neuheitswert mißt Berlioz seinen eigenen Versuchen in diesem Genre – das ein *Teil meiner Träume*[174] ist – zu, *in das ich fast als einziger der modernen Komponisten eingedrungen bin und von dem die Alten nicht einmal eine Ahnung gehabt haben.*[175] (Die Idee einer monumentalen, auf weite Räume verteilten Musik war Berlioz freilich durch die Revolutionsmusik vermittelt worden.)

Das Genre des Monumentalen vereint für Berlioz – und für seine Zeit – zwei Begriffe: das Erhabene und das Schreckliche. (Das Thema des *Requiem* umfaßt beide.) Das Erhabene in der Spielart des Antikisierenden (in der utopischen Stadt Euphonia etwa läßt Berlioz in würdiger Erhabenheit monumentale Gluck-Aufführungen stattfinden[176]) und des Religiösen; das Schreckliche als das Apokalyptische, gleichfalls dem religiösen Bereich zugehörig, und als das Kolossale, Gigantische, das – mit Berlioz' Lieblingsausdrücken – *Babylonische, Ninivetische.* (Die Kategorie des Schrecklich-Schönen mit ihrem antiklassizistischen Unterton enthielt zugleich die Rechtfertigung, auch das – ästhetisch gesehen – Häßliche als Ausdrucksmittel zu verwenden.)

Der Schrecken, den die fünf Orchester und die acht Paar Pauken verbreiteten, . . . läßt sich nicht beschreiben.[177] Aus vier Blechbläsergruppen, 38 Instrumenten insgesamt, aufgestellt separat an den vier Ecken des großen Chor- und Orchesterkörpers, stoßen beim *Tuba mirum* des *Dies irae* fanfarenartige Signale, nacheinander in sich verkürzenden Abständen und in verschachtelten Rhythmen einsetzend; hinzu tritt ein Aufgebot an Pauken, Trommeln, Becken: ein Ausbruch der Musik aus dem festen Raumgefüge, zugleich in den Bereich des Geräusches als Darstellungsmittel des endzeitlichen Chaos. Im *Rex tremendae* begegnen die Blechgruppen wieder; im *Lacrymosa* (dem Schlußsatz des *Dies irae*), wo sie in einem Abschnitt (Ziff. 52) mit ständig richtungswechselnden Einsätzen die kreisende Bewegung der Musik – des Elends des «lacrymosa dies illa» – kontrapunktieren; schließlich in den letzten Takten des Werkes, dem *Amen* (das liturgisch gar nicht hingehört), wo sie, diesmal pianissimo, zusammen mit den Streicherarpeggien und sanften Paukenclusters, den ganzen Raum wie in endgültigen Frieden einhüllen.

Am *Requiem* besticht nicht nur die Ökonomie der Mittel (die Elemente des Schrecklichen sind nur zurückhaltend angewandt), sondern vor allem die Vielfalt der Stile und Charaktere – a-cappella-Satz, schlichte psalmodische Führungen, traditionelle Fuge, großer, opernhafter Ensemblesatz – in einer ausgewogenen Gesamtanlage. Zu den neuartigen Charakteren dieses Werks gehören die Deklamationen im Unisono, besonders eindrucksvoll, mit den

71

unaufgelösten Dissonanzen, im *Kyrie eleison*; das *Offertorium* mit seiner –
durch verschiedenartigste Harmonisierung farblich kontrapunktierten – monotonen Psalmodie auf zwei Noten. Die Raumkomposition zeigt ihre Konsequenz bis in die Klanggestalt hinein: sie erfindet Zusammenstellungen, die
allem Herkommen spotten (bei Gustav Mahler gibt es wieder etwas Ähnliches), wie die Kombination eines hohen Flötenakkords mit einem Baßton von
acht Posaunen der Fernorchester im *Hostias* (das «Loch» dieses Klanges, in
der Klangfarbe und im Tonraum, spiegelt die reale räumliche Trennung der
Instrumente); und wie ein auskomponiertes Echo muten die sich überlappenden Akkordablösungen zwischen Bläsern und Streichern zu Beginn des
Agnus dei an. Es bleibt noch zu erwähnen, daß Berlioz sich den Text nach
seinen Vorstellungen umgeformt hat; im *Dies irae* etwa sind, offensichtlich
des dramatischen Zusammenhangs willen, zahlreiche Versgruppen anders
zusammengestellt.

«SYMPHONIE FUNÉBRE ET TRIOMPHALE»

Nach dem *Requiem* ist die *Symphonie funèbre et triomphale* von 1840
Berlioz' zweites – und letztes – Auftragswerk für den französischen Staat:
bestimmt zur Gedenkfeier für die Opfer der Juli-Revolution und die Einweihung der Bastillesäule. *Ich glaubte, daß für ein solches Werk der einfachste
Plan der beste wäre, und daß allein eine große Anzahl von Blasinstrumenten
sich für eine Symphonie eignete, die bestimmt war – beim ersten Mal
wenigstens – im Freien aufgeführt zu werden. Ich wollte zuerst die Kämpfe
der ruhmvollen drei Tage in Erinnerung rufen, inmitten der schmerzlichen
Melodien eines schrecklichen und zugleich verzweiflungsvollen Marsches,
den man bei der Prozession spielen würde; sodann eine Art Grab- oder
Abschiedsrede an die glorreichen Helden zu Gehör bringen, in dem Augenblick, wo die Leichname in die monumentale Gruft hinabgelassen würden,
und schließlich eine Hymne der gloire singen lassen, die Apothéose, wenn,
nachdem der Grabstein eingesetzt worden, das Volk nichts anderes vor
Augen haben würde als die hohe Säule, bekrönt von der Freiheit, die sich mit
ausgebreiteten Flügeln zum Himmel aufschwingt, wie die Seelen derer, die
für sie starben.*[178]

Die Komposition, noch ohne die Streicher und ohne den Chor im dritten
Satz[179], war in wenigen Wochen abgeschlossen. Für den zweiten Satz, der
zunächst *Hymne d'Adieu* hieß, griff Berlioz auf eine Szene aus den unvollendeten *Francs-Juges* zurück (deren Text freilich mit dem beim neuen Verwendungszweck anvisierten Charakter nichts zu tun hat). Im Zusammenhang der
Symphonie erhält das Posaunenrezitativ eine an das Finale von Beethovens
Neunter Symphonie erinnernde Funktion: Die «sprechende» Instrumentalstimme gebietet der Trauer, der Verzweiflung Einhalt und vermittelt – hier
über ein ausdrucksvolles *Andantino* – zum gloriosen Finale.

Bei der Aufführung der Symphonie am 28. Juli 1840 wurden während der
großen Trauerprozession, die von Saint-Germain-l'Auxerrois über die Place
de la Concorde zur Place de la Bastille führte, die *Marche funèbre* und die
Apothéose – die beiden Sätze in Marschcharakter – je sechsmal gespielt, der
langsame Mittelsatz hingegen begleitete die Zeremonien an der Bastillesäule.

Die *Symphonie militaire*, wie sie ursprünglich hieß, steht ohne Zweifel in zumindest gedanklichen Beziehungen zu Monumentalwerken nationalen Sujets, die Berlioz in den dreißiger Jahren plante (*Le retour de l'Armée de l'Italie*, als *Symphonie militaire* bezeichnet; *Fête musicale funèbre à la mémoire des hommes illustres de la France*) und deren Spuren sich noch im *Te deum* finden. Die Verherrlichung der nationalen *gloire* – *gloire* ist auch das zentrale Wort im Text der *Apothéose* – durch unwiderstehlich mitreißende, grandios einfache Monumentalmusik ist ein Gedanke, der auf die Hymnen und Festmusiken der Französischen Revolution zurückgeht.

Hat die allgemeine Begeisterung über das akklamativ Monumentale der *Apothéose* auch für Berlioz – er ließ diesen Satz wiederholt als Einzelstück aufführen – den Blick dafür verstellt, daß die kompositorischen Qualitäten dieses Satzes denen der *Marche funèbre* entschieden nachstehen? Mit ihren hart kontrapostierenden Gegenmelodien und -akzenten und verschieden großen, unregelmäßigen Taktgruppierungen, den a-thematischen Ostinatopartien, die zu dissonanten Klangeruptionen führen, ist die *Marche funèbre* ein Musikstück, dessen Kompliziertheit weit jenseits eines Appells an populäre «Verständlichkeit» liegt; und bewundernswert ist, wie in diesem fast zwanzig Minuten dauernden Satz die exzessive Blech- und Schlagwerkbesetzung weit mehr als in der *Apothéose* zu größter Differenzierung und Kontrastbildung des Klanges genutzt wird.

«TE DEUM»

Das 1849 komponierte *Te deum* erklang erstmals 1855 in Saint-Eustache, und zwar im Rahmen der offiziellen Festveranstaltungen anläßlich der ersten Pariser Industrieausstellung (die die Londoner Weltausstellung von 1851 nachahmte). *Die maßlose Größe der ganzen Anlage und des Stils hat erstaunliche Wirkungen gehabt, und Sie können glauben, daß «Tibi omnes» und «Judex», obgleich von ganz verschiedener Art, babylonische, ninivetische Stücke sind.*[180] *Ich kann Dir*, schreibt Berlioz an seine Schwester, *den Eindruck dieser weiten Kathedrale nicht beschreiben, ihre gegenwärtig so großartige Ausschmückung, mein Orchester, das den Chorraum füllte, meine Chöre im vorderen Teil des Mittelschiffs und die achthundert Kinder auf einem breiten Amphitheater, das bis zur Höhe von zwei Stockwerken aufragte. Ich kann Dir erst recht nichts sagen über die Majestät des großen Duetts zwischen uns und der Orgel, die geheimnisvoll vom anderen Ende der Kirche her erklang.*[181]

Die Orgel ist im *Te deum* nicht Begleitinstrument – als das eine herkömmliche Kirchenmusik sie verwenden würde –, sondern quasi ein separates Orchester. *Sie führt vom einen Ende der Kirche aus den Dialog mit dem Orchester und den zwei Chören am andern Ende, und mit einem dritten, sehr stark besetzten Chor im Unisono, der, in diesem Zusammenhang das Volk repräsentierend, von Zeit zu Zeit an dem gewaltigen religiösen Konzert teilnimmt.*[182] Diesen dritten Chor, den Kinderchor – *der so zahlreich wie möglich und von den beiden anderen Chören getrennt sein muß*[183] – hat Berlioz erst nachträglich, 1853/54, in das *Te deum* eingearbeitet. Offensichtlich spielte dabei der starke Eindruck herein, den er 1851 in der Londoner St.

73

Industrieausstellung Paris 1855

Paul's-Kathedrale empfangen hatte *beim Anhören eines Chores von 6500 Kindern aus den Wohltätigkeitsschulen, die dort einmal jährlich zusammenkommen. Das war unvergleichlich, eine außerordentlich eindrucksvolle, ja geradezu babylonische Zeremonie.*[184] In einer Vorausnotiz zur Erstaufführung hatte Berlioz aber auch, was die Kombination von zwei Chören mit dem dritten, nur einstimmig singenden Kinderchor betrifft, auf das Vorbild der «Matthäus-Passion» verwiesen.[185]

Das *Te deum* enthält einen eigentümlichen Schlußsatz: eine *Marche pour la présentation des drapeaux* (Marsch zur Präsentierung der Fahnen). Dieses militärische Finale (um das Konzert- und Schallplattenaufführungen einen Bogen machen) sowie ein ursprünglich vorhandener weiterer Satz, ein vor das *Dignare* gestelltes *Prélude*, in dem noch einmal das Te deum-Thema durchgeführt wird und das speziell *Siegesfeiern* oder anderen *militärischen Zeremonien* vorbehalten sein sollte, weisen darauf hin, daß auch das *Te deum* im Ideenkreis eines napoleonischen Monumentalwerkes beheimatet ist. In einer wohl autorisierten Zeitungsnotiz von 1855 heißt es: «Dieses *Te deum* sollte Teil einer in kolossalen Proportionen konzipierten Komposition sein, halb episch, halb dramatisch angelegt und bestimmt, den militärischen Ruhm des Ersten Konsuls zu feiern. Diese Episode trug ursprünglich den Titel *Le Retour de la campagne d'Italie*. In dem Augenblick, wenn General Bonaparte die Gewölbe der Kathedrale betreten hätte, sollte der geheiligte Lobgesang von allen Seiten widerhallen, die Fahnen sollten geschwenkt und die Trommeln geschlagen werden...»[186]

ALS DIRIGENT AUF REISEN: DEUTSCHLAND UND ÖSTERREICH

Die deutschen und österreichischen Länder, die alten Reichsgebiete, übten auf Berlioz eine starke Anziehung aus. Denn dort wurde (anders als etwa in Italien) die Tradition gerade der instrumentalen Musik gepflegt, große Namen der Vergangenheit waren dort lebendig, der Musik überhaupt kam eine bedeutende Rolle zu. Und es gab neben den großen alten Hauptstädten Wien, Prag, Pest dank des deutschen Partikularismus eine Anzahl kleinerer Zentren mit selbständiger, institutionalisierter, oft feudal geförderter Musikpflege von meist anspruchsvollem Niveau, genügend Möglichkeiten also – im Gegensatz zum zentralistischen Frankreich, wo nur Paris zählt – für Berlioz, seine Musik zu Gehör zu bringen.

Die Folge der Stationen der Reise war vorher nicht im Detail geplant; vieles ergab sich erst durch Vermittlungen oder Empfehlungen, vor allem infolge Berlioz' eigener Initiative. (Die kurzfristige Planung und Durchführung einer Konzerttournee, wie sie damals möglich war, ist im heutigen Musikbetrieb undenkbar.)

Auf der Liste seiner Werke, die Berlioz auf beiden Reisen dirigiert, stehen die *Symphonie fantastique, Harold en Italie,* die *Symphonie funèbre,* die Ouverturen *Les Francs-Juges* und *Roi Lear,* die Napoleon-Kantate und Lieder; ferner einzelne Sätze aus *Roméo* und dem *Requiem.* (Die Aufführung einzelner Nummern aus größeren Werken, was damals nichts Ungewöhnliches darstellte, von Berlioz aber meist als notwendiges Übel empfunden wurde, ergab sich aus der Berücksichtigung der jeweils zur Verfügung stehenden Vokal- und Instrumentalkräfte.)

Über seine beiden großen Konzertreisen in die deutschen und österreichischen Länder – *eine zwar mühevolle, aber musikalisch ergiebige und in pekuniärer Hinsicht recht vorteilhafte Forschungsreise*[187] – hat Berlioz ausführliche Berichte verfaßt: teils feuilletonistisch unterhaltsame Erzählungen, teils, besonders die zweite Reise betreffend, belehrend resümierende Abhandlungen über die musikalischen Institutionen, über das Niveau von Orchestern und Sängern, über instrumentenkundliche Fragen. Beide Berichte, jeweils nachträglich geschrieben, sind in Form fingierter Briefe abgefaßt; das erste Mal sind es zehn Briefe an Persönlichkeiten des Pariser Musiklebens (die Widmung eines der Briefe an Heinrich Heine mag damit zusammenhängen, daß Heine kurz zuvor in einem seiner Pariser Kulturberichte Berlioz gerühmt hatte), das zweite Mal sechs Briefe an den Freund Humbert Ferrand. Die erste Folge dieser Reisebriefe erschien zunächst (August–November 1843) im «Journal des Débats», kurz darauf, zusammengefaßt mit einem Bericht über seine frühere Italienreise, als zweibändiges Buch (*Voyage musical en Allemagne et en Italie*); schließlich hat sie Berlioz zusammen mit der zweiten Briefreihe in die *Mémoires* eingerückt. Berlioz lag viel daran, die Auslandserfolge ausführlich in Paris bekannt zu machen; auch bittet er in verschiedenen Privatbriefen, während der Reise geschrieben, seine Freunde, Presseberichte zu lancieren (was ein übliches Verfahren war). Die große Anerkennung in Paris ist und bleibt das einzige Ziel.

75

DEUTSCHE STÄDTE

In Frankfurt kamen, Vereinbarungen entgegen, keine Konzerte zustande (zwei musikalische Wunderkinder, die geigenden Milanollo-Schwestern, waren für Unternehmer und Publikum attraktiver); doch hört Berlioz hier eine ausgezeichnete Aufführung des «Fidelio» und trifft seinen *alten Freund Ferdinand Hiller*[188] wieder .

Ende Dezember dirigiert Berlioz in Stuttgart die Hofkapelle, ein *exzellentes Orchester*[189] und erhält *alle möglichen Glückwünsche von seiten des Königs*[190]*, der seit zwei Jahren seinen Fuß nicht mehr in einen Konzertsaal gesetzt hatte*[191]*, und des Prinzen Jérôme Bonaparte*[192]. Am Silvestertag reist Berlioz, eingeladen vom Fürsten Friedrich Wilhelm Konstantin, *durch den Schnee und große Fichtenwälder* zur Hohenzollernburg bei Hechingen. (Wenige Jahre später, unmittelbar nach der Vereinnahmung des kleinen Fürstentums durch Preußen, wich die Burg dem pompös historisierenden Neubau, wie er sich heute darbietet.) *Die frohen Gesichter, die Liebenswürdigkeit des Fürsten, die Neujahrsfestlichkeiten, der Ball, das Konzert, das tolle Gelächter, die Pläne, sich in Paris wiederzusehen, und . . . das Lebewohl . . . und die Abreise . . . Oh! ich leide!*[193]

In Stuttgart, wo Berlioz nochmals Konzerte gibt – erfolgreich, aber finanziell enttäuschend –, entscheidet sich der Fortgang der Reise, als vom Weimarer Hof eine Einladung eintrifft. Über Mannheim und Frankfurt reist Berlioz nach Weimar. In seinen Memoiren berichtet Ferdinand Hiller, nicht ohne Mokanz, über Berlioz' vergeblichen Versuch, sich in Frankfurt der Recio zu entledigen, die nicht nur «wie eine Katze» sang, sondern vor allem, in allen seinen Konzerten aufzutreten verlangte»[194]: Berlioz täuschte sie und reiste heimlich mit der Post nach Weimar ab. (Die Recio folgte wenige Tage später.) Zum Thema Berlioz–Recio mag hier ein weiterer Bericht eines Augenzeugen angefügt werden, Eduard Hanslicks, der anläßlich Berlioz' Besuch in Prag (1846) folgendes notierte: «Berlioz kam in Begleitung einer schönen, glutäugigen Spanierin, Mariquita Recio, die er für seine Frau ausgab. Es war daher verzeihlich, daß wir sie für seine aus Heines Erzählungen uns bekannte und teuere Gemahlin, die frühere Schauspielerin Miß Smithson, hielten. Als aber Ambros gleich bei der ersten Begegnung seine Freude darüber aussprach, neben Berlioz auch das Urbild der ‹Double idée fixe› aus der ‹Phantastischen Symphonie›, nämlich Miß Smithson, zu erblicken, erhielt er mit einem strafenden Blick die Antwort: ‹Die hier ist meine zweite Frau; Miß Smithson ist gestorben.› In Wahrheit lebte seine Frau noch . . . Der Mann mit der Löwenmähne und dem gewaltigen Adlerblick stand widerstandslos unter dem Pantoffel der Senora.»[195]

Weimar, die kleine Residenzstadt, *ist ruhig, hell und luftig, voll Friede und Träumerei.* Die Erinnerung an Schiller bewegt Berlioz: *Meine Blicke können sich nicht trennen von diesen schmalen Fenstern, diesem unscheinbaren Haus, diesem ärmlichen schwarzen Dach.* Sah Berlioz auch sich als armes, verkanntes Genie? *Goethe, der Reiche, der Staatsminister . . . hätte er nicht das Schicksal des Dichters, seines Freundes, ändern können? . . . Goethe liebte sich zu sehr!* [196] Berlioz' Konzert, in dem er vor allem die *Symphonie fantastique* vorführt, hat nachhaltigen Erfolg.

In Weimar erhält Berlioz ein Schreiben von Mendelssohn, der ihn drin-

Schillers Haus in Weimar

gend nach Leipzig einlädt, wo er seit 1835 als Kapellmeister der Gewandhauskonzerte den Mittelpunkt des Musiklebens bildete. Er wünsche die in Rom geschlossene Freundschaft zu erneuern. Seinerzeit hatte Mendelssohn ja wenig freundlich über Berlioz gedacht; jedoch scheint die Herzlichkeit der Einladung keine Heuchelei gewesen zu sein. Die wiederaufgenommenen Beziehungen waren jedenfalls von gegenseitiger Zuneigung und Hochachtung bestimmt – mit kleinen Einschränkungen, wie sie bei der Verschiedenheit der künstlerischen Ziele kaum wegzudenken sind. Meint Berlioz von Mendelssohn, er liebe *nur immer die Toten etwas zu sehr*[197], so beschränkt sich Mendelssohn seinerseits darauf, in Berlioz' Orchesterlied *L'Absence einen Einsatz des Kontrabasses in der Begleitung zu loben*[198]. (Um welche Stelle in dem Lied es sich handeln könnte, ist aus der Partitur allerdings nicht ersichtlich.) *Aber über die Symphonien, die Ouvertüren, das Requiem hat er mir niemals ein einziges Wort gesagt.*[199] *In der Generalprobe zu Mendelssohns neuem Werk («Die erste Walpurgisnacht») wurde ich vom ersten Augenblick an in höchste Verwunderung versetzt ... vor allem durch die glänzende Komposition.*[200] Entzückt von dem Werk, bittet Berlioz den Freund *um den Taktstock, mit dem er soeben die Probe ... dirigiert hat*[201]; Berlioz muß das Gegengeschenk darbringen.

In seinem Leipziger Konzert gab Berlioz unter anderem die Violinromanze

77

Rêverie et Caprice (gespielt von Ferdinand David, dem berühmten Geiger, den Mendelssohn als Konzertmeister ans Gewandhaus geholt hatte), *die Fantastique, die mehr erstaunt als ergriffen hat*[202]*, die gerade fertiggestellte Orchesterfassung des Liedes L'Absence und das unvermeidliche Offertorium aus dem Requiem. Schumann, der schweigsame Schumann, ist ganz elektrisiert vom Offertorium. Zum großen Erstaunen derer, die ihn kennen, öffnete er anderntags den Mund, um mir zu sagen, indem er meine Hand ergriff:* «*Dieses Offertorium übertrifft alles!*»[203] *Die deutsche Presse, berichtet Berlioz einem Freund nach Paris, ist mir äußerst gewogen.*[204]

Zwischen den beiden Leipziger Konzerten reist Berlioz nach Dresden, *für zwei Konzerte engagiert*[205], die im Hoftheater von Carl Gottlieb Reißiger, dem Ersten Kapellmeister, dirigiert wurden. Die Dresdner Programme, außerordentlich umfangreich, gaben quasi einen Querschnitt durch Berlioz' Œuvre. Was aber auf das Publikum und die Künstler Dresdens den lebhaftesten Eindruck gemacht hat, ist die Kantate *Le cinq mai* ... *Das Gedächtnis Napoleons ist heute dem deutschen Volk fast ebenso teuer wie den Franzo-*

Programmzettel für ein Berlioz-Konzert in Leipzig, 1843

Robert Schumann. Lithographie, um 1850

sen.[206] Berlioz traf mit Richard Wagner zusammen, der wenige Tage zuvor Zweiter Kapellmeister am Hoftheater geworden war und Berlioz *mit Eifer und sehr gutem Willen ... in den Proben unterstützte*[207]. Er hört die drei letzten Akte von Wagners «Rienzi», will aber keine *gefestigte Meinung* [208] darüber äußern; recht zurückhaltend sind auch seine Bemerkungen über die Partitur des «Fliegenden Holländers».

Einem Rat Meyerbeers folgend, der Berlioz' Konzerte in Berlin erst später einplanen konnte, wendet sich Berlioz – es ist nun Anfang März – nach Braunschweig. Er findet dort ein hervorragendes Orchester vor, das, ganz für Berlioz' Musik entflammt, heimlich Proben veranstaltet und den Komponisten zu höchsten Lobesäußerungen begeistert. *Die Ausführung war wundervoll*, berichtet Berlioz in einem stolzen *Bulletin der Grande Armée* dem Vater, *und die Begeisterung des Publikums und der Künstler übertraf alles, was ich mir je erträumen konnte.*[209] *Kaum war der letzte Akkord verklungen, erschütterte ein furchtbarer Lärm den Saal: die ganze Masse des Publikums schrie, im Parkett, in den Logen, überall; die Trompeten, Hörner und Posaunen des Orchesters schmetterten Fanfaren in verschiedenen Tonarten.*[210] *Man hat auf offener Bühne meine Partituren des Roméo und des Requiems bekränzt.*[211] Der Musikschriftsteller Wolfgang Robert Griepenkerl, übrigens ein Sohn des Bach-Forschers Friedrich Conrad Griepenkerl, veröffentlichte noch im selben Jahr 1843 die begeisterte Broschüre «Ritter Berlioz in Braunschweig»; es ist das erste deutschsprachige Buch über Berlioz.

Nach einem Aufenthalt in Hamburg, wo ein großes Konzert . . . *enormen Erfolg hatte*[212], trifft Berlioz Ende März in Berlin ein. *Es gibt wenige Hauptstädte, wenn es überhaupt welche gibt, die sich vergleichbarer musikalischer Schätze rühmen könnten. Die Musik ist hier in der Luft, man atmet sie ein, sie durchdringt einen.*[213] Im Opernhaus wohnt Berlioz einer vollkommenen Aufführung der «Hugenotten» bei; *Meyerbeer herrschte am Dirigentenpult . . . Das Orchester ist in seiner Hand, er macht damit, was er will.*[214] An Wilhelmine Schröder-Devrient jedoch, die seit ihrer Rolle als Leonore (1823) zu den berühmtesten Sängerinnen Europas zählte, findet Berlioz, dem sie *vor vielen Jahren in Paris als Leonore* gleichfalls *bewunderungswürdig erschienen war*, hier wie schon zuvor in Dresden *sehr schlechte Gewohnheiten in der Gesangsweise*, eingefügte *gesprochene Ausrufe und ein oft übertriebenes und affektiertes Spiel*[215], das für ihn mit der Größe und Wahrheit des dramatischen Ausdrucks von Meyerbeers Musik unverträglich ist. In der Berliner Singakademie hört Berlioz Bachs «Matthäus-Passion» (die dort 1829 von Mendelssohn zu neuem Leben erweckt worden war), ohne sonderlich beeindruckt zu sein. Was ihm jedoch auffällt, ist ein kultisch bestimmtes Verhalten des Publikums (wie es vielfach ja heute noch üblich ist): *Man ist bei der Predigt, man hört das Evangelium, man wohnt schweigend nicht dem Konzert, sondern dem Gottesdienst bei . . . Man betet Bach an, und man glaubt an ihn.*[216]

In seinen zwei eigenen Konzerten bringt Berlioz unter anderem fünf Sätze aus *Roméo*, und – erstmalig in Deutschland – nach außerordentlich schwierigen Proben *die großen Sätze aus dem Requiem*[217], darunter das *Dies irae*, zu Gehör; der Erfolg war großartig. Auch der Hof nahm lebhaft Anteil. König Friedrich Wilhelm IV. ließ es sich nicht nehmen, eine Reise abzukürzen, um *Roméo* hören zu können.

Nach Konzerten in Hannover und Darmstadt kehrt Berlioz Ende Mai nach Paris zurück. *Nun sind wir . . . am Ende dieser Pilgerfahrt angelangt, der schwierigsten vielleicht, die je ein Musiker unternommen hat; und ich fühle, daß die Erinnerungen daran über den Rest meines Lebens erhaben bleiben wird.*[218]

In Paris

Berlioz' Verhältnis zu Paris, zu der Stadt, die das Forum seiner Öffentlichkeit bildet, ist gebrochen. Die Berichte über beide Deutschlandreisen leitet Berlioz mit Klagen über Paris ein: *Unsere Hauptstadt finde ich wieder vor allem mit materiellen Interessen beschäftigt, unaufmerksam und gleichgültig gegen das, was die Dichter und die Künstler begeistert . . . Ich finde wieder . . . ihre gelangweilten Gestalten und verdrießlichen Gesichter, ihre entmutigten Künstler, erschöpften Denker, die wimmelnde Menge an Dummköpfen, die entkräfteten, ausgehungerten, sterbenden oder toten Theater*[219], so daß ein *kalter Schauer mein Herz erfaßt und mir den Wunsch gibt, nach Deutschland zurückzukehren, wo die Begeisterung noch lebt*[220]. Trotzdem hat Berlioz eine Emigration, nach Deutschland etwa, wofür sich durchaus reale Chancen geboten hätten, niemals ernstlich ins Auge gefaßt. Er hing an Paris mit einer ähnlichen Haßliebe, wie sie, mutatis mutandis, die intellektuellen

80

Wiener zu einer Tradition gemacht haben.

Und so auch: *Ich kehre nach Frankreich zurück; und schon fühle ich an einer unbestimmten Erregung, an einer Art Fieber, das mein Blut trübt, an einer grundlosen Unruhe, die Kopf und Herz erfüllt, daß ich wieder in Kontakt mit dem Stromkreis von Paris trete. Paris! Paris!*[221] Doch gleich wendet sich der Gedankengang wieder dem traurigen Los der Kunst zu. *In Paris wird sie bekränzt und als Göttin behandelt, vorausgesetzt, daß man auf ihren Altären nur spärliche Opfer zu bringen braucht . . . In Paris trägt der skrufulöse Bruder der Kunst, das Handwerk, dieser Bastard, mit Flitter bedeckt, seine bourgeoise Unverschämtheit zur Schau.* Manchmal jedoch, führt Berlioz diese eigentümliche Allegorie weiter aus, *belästigt der Bastard seinen Bruder so sehr, daß der ihm unglaubliche Gunst erweist. Und der Urheber dieser vorübergehenden und schauderhaften Allianz ist das Geld, die Liebe zum schnellen, unmittelbaren Gewinn . . . Die Berührung mit den bürgerlichen Sitten* verderbe die Kunst; die Bourgeoisie, wie sie die Juli-Monarchie beherrscht, gebe einen schlechten Boden ab, freilich die Republik nicht minder. *Bei unseren jetzigen Sitten und unserer Regierungsform muß der Künstler, je mehr er Künstler ist, desto mehr leiden; je neuer und größer seine Werke sind, desto strenger muß er durch die Folgen seiner Arbeit gestraft werden. Die Medici sind tot. Unsere Abgeordneten werden sie nicht ersetzen.* Berlioz' ideale Regierungsform wäre zweifellos die kunstverständige Aristokratie. Und so wird er später das Second Empire als ein vergleichsweise geringes Übel willkommen heißen.

Gleich nach Berlioz' Rückkehr von der Deutschland-Tournee werden Pläne für neue Dirigierreisen erörtert. Die Londoner Philharmonic Society schickt eine Einladung für zwei Konzerte; Berlioz selbst wendet sich an den Mailänder Verleger Ricordi, er möge ihm die Wege ebnen, *einige meiner Werke in Italien hören zu lassen*[222]; im Frühjahr 1845 wollte Liszt Berlioz am Beethoven-Fest anläßlich der Einweihung des Beethoven-Denkmals in Bonn mit einer Aufführung des *Requiem* beteiligen. Realisiert wurde schließlich keiner dieser Pläne; in London dirigierte Berlioz erst 1847, und nach Bonn reiste er bloß als Berichterstatter. .

In Paris leitet Berlioz einige eigene Konzerte – darunter, im November 1843, die letzte Veranstaltung, für die ihm der Saal des Conservatoire überlassen wurde – und dirigiert 1844 und 1845 bei musikalischen Großveranstaltungen. Im Sommer 1844 fand in Paris eine große Ausstellung von Industrie und Handwerk statt, wie sie im Zeitalter der Industrialisierung und des Kapitalismus immer häufiger wurden. Berlioz und Isaac Strauss, *der Direktor der vornehmen Bälle*, beschlossen, *für die Aussteller ein veritables Musikfest (festival) zu veranstalten*[223]. Berlioz' Konzert im *großen Mittelcarrée* des Ausstellungsgeländes, *Maschinensaal genannt*[224], zog eine gewaltige Menschenmenge an. Das Programm umfaßte einzelne Nummern – meist für Chor – aus Opern von Auber, Rossini, Halévy, Meyerbeer und Gluck; Ouverturen von Weber und Spontini; Scherzo und Finale aus Beethovens Fünfter Symphonie; als Hommage an den Anlaß «Le Chant des industriels», auf einen Text von Adolphe Dumas von einem Provinzmusiklehrer komponiert (nachdem Berlioz seine ursprüngliche Zusage zur Komposition zurückgezogen hatte); von Berlioz' eigenen Werken schließlich der Marsch aus der *Symphonie fantastique*, die *Apothéose* aus der *Symphonie funèbre* und die

Hymne à la France, die ich ausdrücklich für diese Gelegenheit komponiert hatte[225]. *Dieser Enthusiasmus von achttausend Zuhörern!*, berichtet Berlioz dem Vater, *diese völlige Stille während der Musikstücke, die Schreie und Hurrarufe danach; alle springen auf, die Hüte in die Luft . . .*[226] Isaac Strauss jedoch erzielte mit seinem Konzert weniger als ein Zehntel der Einnahmen von Berlioz; da es sich aber um ein gemeinsames Unternehmen handelte, blieb schließlich, nach Abzug der Unkosten und Steuern, für Berlioz ein bescheidener Gewinn von 860 Francs übrig. *Das ist der schöne Lohn dafür, daß ich in Paris das größte Musikfest gegeben habe, das in Europa jemals stattgefunden hat.*[227] Berlioz ging anschließend, auf dringendes Anraten eines Arztes, der eine Gelbsucht und höchst gereizte Nerven konstatierte, *für einen Monat nach Nizza, dank der achthundert Francs, die das Festival mir eingebracht hatte, um so weit wie möglich den Schaden, den es an meiner Gesundheit angerichtet hatte, wiedergutzumachen*[228].

Ende des Jahres 1845 schloß Berlioz mit dem Impresario Franconi einen Vertrag, eine Reihe von großen musikalischen Aufführungen in dessen «Cirque des Champs-Élysées» – einer Reitbahn, zu der auch ein großer Saal, *der größte und schönste Saal in Paris*[229] gehörte – zu geben. In den vier Konzerten, die er von Januar bis April 1845 mit 500 Musikern durchführte, brachte Berlioz unter anderem Kompositionen von Félicien David (der kurz zuvor mit seiner Vokal-Symphonie «Le Desert» Aufsehen erregt hatte) und Michail I. Glinka. Der Komponist von «Ruslan und Ludmilla» und «Ein Leben für den Zaren» lebte 1844/45 in Paris, mehr des Vergnügens halber als aus musikalischen Gründen. Berlioz war einer der wenigen bedeutenden französischen Komponisten, die er kennenlernte. «Berlioz», erinnert sich Glinka in seinen Memoiren, «begegnete mir mit außerordentlicher Freundlichkeit, was man vom größten Teil der Pariser Künstler, die unerträglich hochmütig sind, nicht behaupten konnte.» Glinka deutet übrigens auch an, daß Berlioz schon «damals nach Rußland zu fahren beabsichtigte, in der Hoffnung, dort nicht nur Beifall, sondern auch materiellen Gewinn zu ernten»[230]

Komponiert hat Berlioz zwischen beiden Deutschland-Tourneen außer der *Hymne à la France* lediglich die Ouverture *Le Carnaval romain* (1844), die Themen aus *Benvenuto Cellini* verarbeitet. Ende 1843 erschien, als op. 10, der dem Preußenkönig gewidmete *Grand traité d'instrumentation et d'orchestration modernes*, das Große Lehrbuch der modernen Instrumentation und Orchestration, ein Werk nahezu ohne Vorbild, das weit ins 20. Jahrhundert hinein – auch dank seiner Bearbeitung durch Richard Strauss (1905) – seine Wirksamkeit entfaltet hat. Die Titelformulierung weist auf das Neue, auf das es Berlioz ankommt, und das ja auch die Analysen seiner Kompositionen zeigen: Daß es neben der «Orchestrierung», der fachgerechten Setzung für Orchester, eine besondere Kunst der «Instrumentierung» gibt, die den Klang als selbständigen Ausdruckswert zum Tragen bringt.

Weite Partien der zweiten Hälfte der *Mémoires* sind, im Gegensatz zur leidlichen Verläßlichkeit der ersten, chronologisch von eigentümlicher Ungenauigkeit: Die erste Deutschland-Tournee ist hier auf 1841/42 datiert, die Reise nach Brüssel auf 1840 statt auf Herbst 1842, der Bericht über Berlioz' Pariser «Freischütz»-Bearbeitung (1841) ist an eine falsche Stelle gerückt, nämlich zwischen die beiden großen Konzertreisen (Kap. 52). Fragt man nach den Gründen und schließt fehlerhaftes Gedächtnis aus, so fällt auf, daß die

Michail I. Glinka. Zeichnung, 1843

Verwirrung der Chronologie, und damit die des Lesers, vor allem den Bericht über jene Zeitspanne betrifft, in dem Berlioz' persönliche Krisen verschwiegen werden. Die falsche Chronologie überdeckt die Lücken. Auf der Reise nach Brüssel hat Marie Recio zum erstenmal Berlioz begleitet.

Im Laufe des Jahres 1844, wahrscheinlich vor der Reise nach Nizza, hat Berlioz, man kann es lediglich aus einer geänderten Adresse schließen, sich von seiner Frau getrennt. Seelische, gesundheitliche, künstlerische und finanzielle Krisenmomente haben ihm in der Folgezeit schwer zugesetzt; Anfang 1845 schreibt er, in einem Dankesbrief an einen ihm persönlich gar nicht bekannten Schriftsteller, in heller Verzweiflung: *Zur Zeit lebe ich wie ein verletzter und blutender Wolf einsam in der Tiefe des Waldes; die erzwungenen Arbeiten für meine Konzerte können mich kaum aus meiner trägen Düsterkeit reißen, und ich handle wie ein Schlafwandler ... Die meisten Leibeigenen sind freier und glücklicher als ich.*[231]

ÖSTERREICH

Ende Oktober 1845 brach Berlioz zu seiner zweiten großen Tournee auf: nach Wien als Hauptaufenthaltsort, von dort nach Pest und zweimal nach Prag.

Die triumphalen Erfolge der Deutschlandreise haben sich offenbar nicht in diesem Ausmaß wiederholt; Wien, so hat man den Eindruck, hat Berlioz nicht gerade überschwenglich begeistert aufgenommen. Die Reiseberichte,

«Traité d'instrumentation»: Titelblatt der Erstausgabe, 1843

wiederum für die Zeitungspublikation verfaßt, geben zwar detaillierte Kommentare zum Musikleben der habsburgischen Hauptstadt – von Monsterkonzerten in der Reitschule über die Bälle von Johann Strauß, dessen Musik Berlioz schätzt, bis zum Opernbetrieb, an dem ihn die Vernachlässigung Glucks empört –, erwähnen jedoch nicht seine eigenen Konzerte; an den befreundeten Joseph d'Ortigue schreibt Berlioz, quasi unter vier Augen: *. . . in Wien gab es Diskussionen in einer kleinen feindlichen Ecke.*[232]

Bis zum Jahresende gibt Berlioz in Wien vier Konzerte; beim letzten, im Theater an der Wien, wird der ganze *Roméo* aufgeführt. *Jetzt werden hier sogar Pasteten gebacken, die meinen Namen tragen.*[233] Am 10. Dezember, dem Vorabend von Berlioz' Geburtstag, geben ihm *150 Künstler, Gelehrte und Musikliebhaber . . . ein glänzendes Fest,* ein großes Bankett, auf dessen Höhepunkt man Berlioz einen *wunderbaren Taktstock* überreicht, auf dem die Titel von Berlioz' Werken und die Namen seiner Verehrer eingraviert sind.[234] Als Berlioz jedoch nach seinem ersten Prager Aufenthalt für einige Wochen nach Wien zurückkehrt, ist es anscheinend stiller um ihn geworden; jedenfalls hat er keine weiteren Konzerte veranstaltet. *Jedoch war tatsächlich die Rede davon, mich in Wien zu engagieren, aber nicht für die Stelle Donizettis, die Stelle ist nicht frei, denn er lebt noch; jedoch für die von*

84

Weigl... der gerade gestorben ist. (Joseph Weigl, auch als Opernkomponist bekannt, war seit 1827 Vizehofkapellmeister an der Hofburgkapelle gewesen.) Erstens jedoch *handelte es sich darum, auf unbegrenzte Zeit in Wien zu bleiben, ohne den geringsten Urlaub, um jedes Jahr nach Frankreich zurückzukommen*[235]; auch war die Stelle Berlioz anscheinend nicht konkurrenzlos zugesichert worden, schließlich hätte sie ihm ein wohl peripheres und wenig angemessenes Betätigungsfeld geboten. Auch Beschränkungen hinsichtlich seiner eigenen Musik waren zu befürchten. Jedenfalls konnte Berlioz anläßlich einer Audienz beim Fürsten Metternich – die er, unter Umgehung der gesamten Etikette, sich selbst verschafft – den Eindruck gewinnen, daß *Seine Hoheit, die damals noch nichts von meiner Musik gehört hatte, eine sehr eigentümliche Vorstellung davon habe.* Auf die Vorstellung am Kaiserhof, wo er *eine noch sonderbarere Meinung vermutete*[236], hat Berlioz daraufhin verzichtet.

Zur Reise nach Prag wurde Berlioz angeregt durch *drei große Artikel über meine Ouverture Roi Lear in der «Prager Musikalischen Zeitung»... Der Verfasser, Herr Doktor Ambros, schien wirklich Kenntnis mit gesundem Urteil und glänzender Phantasie zu verbinden.*[237]

Neben August Wilhelm Ambros, der später einer der ersten großen Mu-

*Matinée bei Liszt. Am Flügel stehend: Berlioz neben Czerny.
Lithographie von Kriehuber, 1845*

sikhistoriker wurde, lernte Berlioz in Prag Eduard Hanslick kennen, der, noch
als Jurastudent, hier seine Laufbahn als Musikkritiker begann und der den
späteren Fixierungen seiner ästhetischen Urteile, wie sie allgemein bekannt
sind, damals durchaus noch fernstand. *Ein charmanter junger Mann*, charakterisiert Berlioz ihn in einem Brief an Liszt, *voller Begeisterung für die
bedeutenden Dinge in der Musik, der über die Kunst schreibt, wie einer
schreibt, der Seele, Herz und Verstand hat.*[238] «Unser kleiner Kreis», hat
Hanslick später in seinen Lebenserinnerungen geschrieben, «schwärmte im
vorhinein für den genialen Franzosen . . . Sein künstlerisches Ideal erfüllte
ihn völlig; die Verwirklichung dessen, was er in glühendem, nie befriedigtem
Drang als schön und groß empfand, bildete sein einzig Ziel und Streben. In
seiner Kunst, mag man sie nun abschätzen wie man wolle, lag eine großartige
Redlichkeit . . . Berlioz' Konzerte erregten in Prag einen unerhörten Enthusiasmus . . . Für das Große und Kühne seiner ganzen Richtung und für
einzelne hohe Schönheiten seiner Musik heute noch empfänglich, bin ich
doch mit den Jahren von dem maßlosen Enthusiasmus jener Prager Jugendzeit zurückgekommen.»[239]

Ferner begegnete Berlioz dem seinerzeit berühmten Pianisten Alexander
Dreyschock (demselben, über den Heine in der «Lutetia» den etwas albernen
Witz anbringt, Dreyschock mache einen so «höllischen Spektakel», daß man
glaube, nicht «einen Pianisten Dreyschock, sondern drei Schock Pianisten zu
hören»), und er besuchte den greisen Wenzel Johann Tomaschek, der als
Komponist einer großen Anzahl von Liedern, vor allem nach Goethe und
Schiller, sowie von Klavierstücken geschätzt war.

*Ich habe in Prag insgesamt sechs Konzerte gegeben, teils im Theater, teils
im Sophiensaal. Ich erinnere mich, daß ich beim letzten die Freude hatte, daß
Liszt meine Symphonie Roméo et Juliette zum ersten Mal hörte.*[240] *Schon der
Erfolg meines ersten Konzerts war von einer Spontaneität und einem Feuer,
wie sie selten sind*[241]*; das Publikum fing Feuer wie ein Pulverfaß*[242]*, und man
singt hier sogar auf den Straßen Melodien aus La Fantastique (l'idée fixe und
Le bal)*[243]

*Nach dem Vorbild des Banketts, bei dem mir die Wiener Künstler und
Dilettanten den vergoldeten Taktstock verehrt hatten, . . . gab es auch hier
nach dem Konzert ein Souper, bei dem mir die Prager in liebenswürdiger
Weise einen silbernen Pokal zum Geschenk machten . . . Liszt wurde einstimmig dazu ausersehen, an Stelle des Präsidenten das Wort zu führen, da
diesem das Französische nicht genügend vertraut war. Beim ersten Toast
richtete er im Namen der Versammlung eine Ansprache an mich, die minde-
stens eine Viertelstunde dauerte, mit einer Herzenswärme, einem Reichtum
an Ideen und einer Vornehmheit des Ausdrucks, um die ihn viele Redner
beneideten, so daß ich davon tief bewegt war. Leider sprach er ebenso gut als
er trank . . . Am nächsten Mittag, man mußte ihn mühsam wecken, gibt Liszt
ein Konzert und spielt, wie er, glaube ich, in seinem Leben noch nicht gespielt
hatte.*[244]

Nach dem ersten Prager Aufenthalt reiste Berlioz von Wien aus nach Pest,
wo er sich den Erfolg seines Konzertes von vornherein dadurch sicherte, daß
er – angeblich auf Anraten eines *Wiener Musikliebhabers* – eine der berühmtesten ungarischen Nationalmelodien, den Rákóczy-Marsch, in einer brillan-
ten Orchesterbearbeitung, *in der Nacht vor meiner Abreise nach Ungarn*

86

Berlioz, 1845. Lithographie von Prinzhofer

geschrieben[245], an den Schluß des Programms setzte. Dieses Stück rief beim Publikum *den Ausbruch* eines *Vulkans* hervor, *dessen Heftigkeit durch nichts gehemmt werden konnte*[246]; denn die nationale Opposition gegen Habsburg, wenige Jahre vor Ausbruch der Revolution, war in Ungarn stark ausgeprägt.

Nach Konzerten in Breslau – dort hat Berlioz zum erstenmal Mendelssohns «Sommernachtstraum»-Musik gehört – und Braunschweig kehrte Berlioz im Mai 1846 nach Paris zurück.

RUSSLAND–ENGLAND–DEUTSCHLAND

Die erste Aufführung von *La Damnation de Faust* im Dezember 1846 geriet Berlioz, der sich hohes allgemeines Interesse – schon vom Sujet her – an dem neuen Werk erhofft hatte, zur bittersten Enttäuschung. Der Saal war, auch beim Wiederholungskonzert, halbvoll. *Nichts hat mich in meiner Künstlerlaufbahn so tief verletzt wie diese unerwartete Gleichgültigkeit . . . Seitdem ist es nicht mehr vorgekommen, daß ich für den Glauben an die Liebe des Pariser Publikums zu meiner Musik auch nur zwanzig Francs aufs Spiel gesetzt habe.*[247]

Der Mißerfolg, zu dem obendrein der finanzielle Ruin kam, hat nicht nur Berlioz im folgenden Jahrzehnt zu häufigen Dirigierreisen ins Ausland gezwungen, die schlechthin für den Lebensunterhalt nötig waren; er hat offensichtlich, eine Resignation auslösend, die mit den Jahren nur bitterer wird, auch die schöpferische Produktion gehemmt: zwei geistliche Werke und zwei Opern sind die größeren Werke für den Rest – immerhin zwanzig Jahre – von Berlioz' Leben.

RUSSLAND

Die Reise nach Rußland, als Möglichkeit früher schon ins Auge gefaßt, wurde nun doch unternommen. Honoré de Balzac, *der kurz zuvor sie selbst gemacht hatte*, prophezeite Berlioz gewaltige Einnahmen (*dieser große Geist hatte die Schwäche, daß er überall Reichtümer zu erwerben sah . . . er träumte nur von Millionen*).[248] *Ich reiste also am 14. Februar 1847 von Paris ab. Sechs Zoll hoch lag dort der Schnee, und bis St. Petersburg, wo ich zwei Wochen später ankam, verlor ich ihn keinen Augenblick aus dem Blickfeld.*[249] Der Schaffner des Postwagens nach Tilsit und der dortige Stationsvorsteher sind Musikliebhaber, sie kennen den Namen Berlioz – *in Frankreich wäre mir das nicht passiert*[250]. An der russischen Grenze, in Tauroggen, *mußte ich mich in einen eisernen Schlitten einsperren, den ich vor Petersburg nicht mehr verlassen sollte, und in dem ich vier harte Tage und ebenso viele Nächte hindurch ungeahnte Qualen erleiden sollte*[251]. Um so herzlicher ist die Gastfreundschaft in St. Petersburg; Berlioz begegnet Wilhelm von Lenz wieder, dem musikliebenden Diplomaten (und späteren Verfasser einer Beethoven-Monographie), lernt Heinrich Romberg kennen, *der mit unvergleichlicher Freundlichkeit den musikalischen Führer durch Petersburg machte.*

Honoré de Balzac.
Fotografie von Nadar,
1842

Brief von Berlioz
an Balzac, 1847

Im ersten Konzert gab Berlioz *Carnaval romain*, die beiden ersten Teile des *Faust*, das *Fee Mab*-Scherzo aus *Roméo* und die *Apothéose* der *Symphonie funèbre* – ein mixtum compositum, wie es üblich war, zumal bei einem solchen Repräsentierungskonzert. *Der Enthusiasmus des zahlreichen, blendenden Publikums, das den ungeheuer weiten Saal füllte, ließ alles hinter sich, was ich in dieser Beziehung hatte erträumen können, besonders für Faust.*[252] Bei weiteren Konzerten brachte Berlioz auch *Roméo et Juliette* ungekürzt: Die Symphonie *ist selten mit so viel Sicherheit, Verve und Größe aufgeführt worden wie in St. Petersburg*[253].

Zwischendurch war Berlioz drei Wochen in der *halbasiatischen Stadt Moskau*[254], gab dort gleichfalls die beiden ersten Teile von *Faust* und sah in der Oper Glinkas «Ein Leben für den Zaren»: *Fast bei jeder Szene ... schneebedeckte Tannenwälder ... Ich zittere noch in der Erinnerung vor Kälte.*

Die materiellen Erträge der Rußlandreise sind beträchtlich; *ich war reich*[255], konnte Berlioz schon nach dem zweiten Konzert in St. Petersburg konstatieren. Wie wir aus einem Brief an den General Alexej L. Lwow erfahren, den Adjutanten des Zaren und Dirigenten der Hofkapelle, bestanden anscheinend weiterreichende Pläne, *daß ich mich eines Tages bei Ihnen niederlassen könnte. Ich will mir diese Idee nicht in den Kopf setzen; alles hängt vom Kaiser ab. Wenn er wollte, wir würden aus St. Petersburg in sechs Jahren das Zentrum der musikalischen Welt machen.*[256] Berlioz hat Rußland erst nach zwanzig Jahren wieder betreten.

Die Rückreise geht über Berlin, wo Berlioz auf besonderen Wunsch Friedrich Wilhelms IV. eine Aufführung des *Faust* veranstaltete. Die Aufnahme

Das kaiserliche Theater (links) in St. Petersburg. Kolorierter Stich von B. Patterson, 1806

des Werks war geteilt; Berlioz vermutete Intrigen im Orchester, aber auch eine Entrüstung des Publikums darüber, *daß ein Franzose die Unverschämtheit habe, eine Paraphrase des deutschen nationalen Hauptwerks zu komponieren ... Ich habe in meinem Leben nichts auf so burleske Weise Grausames gesehen wie die Intoleranz gewisser Götzendiener der deutschen Nationalität.*[257] Der König jedoch, den Berlioz seiner großzügigen Förderung der Musik, seines *unmittelbaren Interesses ... an allen edlen Versuchen der Kunst* wegen bewunderte, *schickte mir durch Meyerbeer das Kreuz des roten Adlerordens und lud mich ... auf Sanssouci zum Diner ein.*[258]

LONDON

Im Herbst desselben Jahres (1847) reist Berlioz nach London. *Mich ruft ein sehr schönes Engagement dorthin,* schreibt er voller Zuversicht an Ferrand, *ich werde das Orchester der großen englischen Oper dirigieren und vier Konzerte geben ... Mein Engagement läuft für sechs Jahre.*[259] Louis-Antoine Jullien, vormals Stardirigent und Musikunternehmer in Paris, jetzt Direktor des neueröffneten Drury Lane Theatre, *gibt mir zehntausend Francs, und weitere zehntausend, um vier Konzerte mit meiner Musik durchzuführen; außerdem engagiert er mich, für das zweite Jahr eine dreiaktige Oper zu schreiben. In London werde ich nur vier Monate im Jahr zu tun haben.*[260] Bald platzte die Seifenblase. Jullien, der sich immer mehr zu einem wilden Phantasten entwickelte, der von künstlerischen wie von finanziellen Belangen eines Opernbetriebs gleich wenig verstand, war nach wenigen

91

Monaten bankrott; die engagierten Musiker, so auch Berlioz, erhielten nur einen Teil des Honorars. Auch kam nur ein einziges Konzert – nach leidigsten Proben mit einem unzuverlässigen Orchester – im Februar 1848 zustande; das aber wurde, wie die Zeitungen schrieben, für Berlioz zu einem vollständigen Triumph. *Meine Musik hat auf das englische Publikum wie Feuer auf eine Zündschnur gewirkt ... Sie hatten Derartiges nicht erwartet, hatten auf eine diabolische, unverständliche, harte und reizlose Musik gerechnet.*[261]

In der – vergeblichen – Hoffnung, eine dauerhafte Position zu erhalten, bleibt Berlioz bis Juli in London. *Es ist hier jetzt eine schöne Stelle für mich frei geworden durch den Tod des armen Mendelssohn.*[262] Überhaupt *habe ich für meine musikalische Karriere nur an England oder Rußland zu denken. Seit langer Zeit schon trage ich Trauer wegen Frankreich; die jüngste Revolution macht meinen Entschluß fester und unabänderlicher.*[263] Die Juli-Revolution hatte Berlioz begeistert, er glaubte sie seiner persönlichen und künstlerischen Revolution parallel; achtzehn Jahre später bestärkte die Februar-Revolution seine Resignation. *Die Republik läßt ihre eherne Walze über ganz Europa rollen; die musikalische Kunst, die seit langem überall im Sterben lag, ist zu dieser Stunde wirklich tot, man wird sie begraben, oder vielmehr in den Graben werfen. Es gibt für mich kein Frankreich mehr, kein Deutschland,* heißt es im Vorwort der *Mémoires,* die Berlioz im März 1848 in London zu schreiben beginnt.[264]

Erst drei Jahre später reist Berlioz wieder nach London: als Mitglied einer internationalen Jury, die die Musikinstrumente zu begutachten hatte, die im Rahmen der «Great Industrial Exhibition» von 1851 gezeigt wurden, dieser legendären ersten Weltausstellung (auf der ja auch das gesamte Kunsthandwerk vertreten war) im eigens dafür errichteten Londoner Kristallpalast.

Weitere Aufenthalte in London, zu jeweils mehrere Monate dauernden Gastspielen, fallen in die Jahre 1852, 1853 und 1855. 1852 dirigierte Berlioz als Gast der New Philharmonic Society die erste Saison, sechs Konzerte, in denen er, von eigenen Werken abgesehen, unter anderem Mozarts «Jupiter-Symphonie» brachte, Mendelssohns «Italienische Symphonie» und, als Höhepunkt, Beethovens Neunte Symphonie: *Die Symphonie mit Chor, die hier sonst nie gut lief, hat eine fabelhafte Wirkung hervorgebracht, und ich hatte sehr großen Erfolg als Dirigent.*[265]

Triumphe in Deutschland

Nach 1850 bahnten sich für Berlioz erneut Beziehungen zum deutschen Musikleben an, inauguriert durch Franz Liszt, den treuen Freund, der seit 1848 als Hofkapellmeister in Weimar seinen steigenden Einfluß geltend machen konnte. Auch Carolyne Fürstin von Sayn-Wittgenstein, Liszts Lebensgefährtin, zeigte hohes Verständnis für die Musik Berlioz', den sie wenige Jahre zuvor, 1847 (im Jahr übrigens ihrer Begegnung mit Liszt), in St. Petersburg kennengelernt hatte.

Für Frühjahr 1852 hatte Liszt in Weimar *Benvenuto Cellini* angesetzt. *Ich bin sehr froh, dieses Werk einem unvoreingenommenen Publikum dargeboten zu sehen, und zwar durch Dich. Nach dreizehn Jahren des Vergessens*

*Friedrich Wilhelm IV., König von Preußen.
Fotografie von H. Biow, 1847*

habe ich es soeben eingehend durchgesehen, und ich schwöre, ich würde diesen cellinihaften ungestümen Schwung, diese gedankliche Vielfalt heute nicht mehr aufbringen. Aber die Aufführung wird nur um so schwieriger sein, denn die Theaterleute, die Sänger vor allem, wissen ja nicht mehr, was «humour» ist.[266] Für erneute Aufführungen der Oper im November desselben Jahres, im Rahmen einer von Liszt veranstalteten Berlioz-Woche, hatte Liszt eine Einteilung in drei Akte vorgeschlagen sowie einige drastische Kürzungen, vor allem im zweiten Finale. Berlioz sah sich einem fait accompli gegenüber (die Partitur war ja in Weimar geblieben), dem er sich aber, dankbar für Liszts Einsatz überhaupt, im wesentlichen fügte, und das er nur dadurch modifizierte, daß er einige der zur Streichung vorgeschlagenen Szenen, um sie zu retten, an anderen Stellen einfügte. So entstand die «Weimarer Fassung» des *Benvenuto Cellini*, die dann durch die Druckausgaben von Klavierauszug und Partitur fixiert wurde und das Modell für alle

Die Große Industrieausstellung in London 1851. Lithographie von Joseph Nash

späteren Aufführungen abgab. Erst eine englische Produktion von 1957 ging wieder auf die ursprüngliche Pariser Fassung zurück.

Benvenuto Cellini, dreimal in Weimar gegeben, hat *unter Liszts Leitung einen pyramidalen Erfolg errungen*[267]. Berlioz selbst dirigierte zweimal *Roméo et Juliette* und die beiden ersten Teile von *Faust. Man hat mich wahrhaft überschüttet, verzogen, umarmt und berauscht (im moralischen Sinn). Dieses ganze Orchester, alle diese Sänger, Schauspieler, Komödianten, Tragöden, Direktoren, Intendanten, die sich am Abend vor meiner Abreise zum Diner im Rathaus vereinigt hatten, repräsentierten eine Welt von Gedanken und Empfindungen, von der man in Frankreich keine Ahnung hat. Schließlich habe ich geheult wie zwei Dutzend Kälber, als ich daran dachte, wieviel Kummer mir gerade dieser «Benvenuto» in Paris bereitet hat. Der vortreffliche Liszt war in seiner Güte und Selbstverleugnung, seinem Eifer und seiner Hingabe wundervoll. Die herzogliche Familie hat mich in jeder Weise mit Gunst überhäuft.*[268]

Nicht geringer war der Erfolg späterer Gastspiele in Weimar. Im Februar 1855 dirigierte Berlioz zwei legendäre Konzerte: im einen, zum Geburtstag der Großherzogin, als Höhepunkt die Uraufführung des Es-dur-Klavierkonzerts von Liszt (der den Solopart spielte), im zweiten die deutsche Erstaufführung von *L'Enfance du Christ* (von Peter Cornelius, Liszts Freund und Sekretär, ins Deutsche übersetzt), dazu noch die *Symphonie fantastique* zusammen mit *Lélio*, das zum erstenmal szenisch dargestellt wurde. *Was L'Enfance du Christ betrifft, so ist die Wirkung dieselbe gewesen* wie in Paris.

empêcher l'explosion de la poudre à canon en la comprimant.
Heureusement mes recherches et mes sollicitations auprès des correspondants
de théâtre furent vaines; et je ne sais à quoi j'allais me
résoudre quand j'appris la prochaine ouverture du Théâtre des
Nouveautés où l'on devait jouer, avec le Vaudeville, des opéras comiques
d'une certaine dimension. Je cours chez le Régisseur lui demander une
place de Flûte dans son orchestre. Les places de Flûte étaient déjà
données. J'en demande une de Choriste. Il n'y en avait plus. Mort
et furie !!..... Le régisseur pourtant prend mon adresse en promettant
de m'avertir si l'on se décidait à augmenter le personnel des chœurs.
Cet espoir était bien faible, il me soutint néanmoins pendant quelques
jours, après les quels une lettre de l'administration du théâtre
des Nouveautés m'annonça que le concours était ouvert pour
la place objet de mon ambition. L'examen des prétendants
devait avoir lieu dans la salle des Franc-maçons de la rue
de Grenelle St Honoré. Je m'y rendis. Cinq ou six pauvres
diables comme moi attendaient déjà leur juge dans un silence
plein d'anxiété. Je trouvai parmi eux un Tisserand, un Forgeron,
un acteur congédié d'un petit théâtre du boulevard, et un chantre de
l'Église de St Eustache. Il s'agissait d'un concours de Basses; ma
voix ne pouvait compter que pour un médiocre Baryton, mais notre examinateur,
pensais-je, n'y regarderait peut-être pas de si près.
C'était le Régisseur en personne. Il parut suivi d'un musicien
nommé Michel, qui fait encore à cette heure partie de l'orchestre
du Vaudeville. On ne s'était procuré ni piano ni pianiste.
Le violon de Michel devait suffire pour nous accompagner.
La séance est ouverte. Mes rivaux chantent successivement, à leur
manière, différente ainsi qu'ils avaient soigneusement étudiés.
Mon tour venu, notre énorme régisseur, assez plaisamment nommé St Léger,

Manuskriptseite aus den «Mémoires»

Carolyne Fürstin von Sayn-Wittgenstein. Fotografie

Man hat die Taschentücher naß geweint.[269] «Hoffmann von Fallersleben», berichtete Cornelius, «improvisierte einen lateinischen Toast zur Feier der Aufnahme des Meisters in den Neu-Weimar-Verein, einen Klub, dem Liszt präsidiert und den erst kürzlich die Künstler und Gelehrten hier gründeten. Dieser Toast, schlicht aber würdig von Joachim Raff vertont, wurde bei dem Berlioz zu Ehren gegebenen Bankett als Chor gesungen, und in der folgenden Nacht wiederholten wir ihn trotz der eisigen Kälte vor der Wohnung unseres Gastfreundes.»[270]

In mehrere andere Orte Deutschlands führten Berlioz zwei Tourneen im Herbst 1853, nach der Londoner Saison, und im Frühjahr 1854; Höhepunkte waren Braunschweig, Hannover und Dresden. *Ihnen die wahnsinnige Begeisterung des Publikums und der Künstler in Braunschweig nach der Aufführung von «Faust» zu beschreiben, würde zu weit führen: ein Taktstock aus Gold und Silber als Geschenk vom Orchester, ein Souper zu hundert Gedekken, an dem die Kapazitäten der Stadt (nach dem zu urteilen, was sie gegessen haben) teilnahmen.*[271] In Hannover, wo Berlioz zweimal gastierte, «haben Sie Kadaver belebt», sagte mir unser Botschafter; «das Publikum von Hannover ist das kälteste, das es gibt. Nicht zweimal im Jahr kommt es vor, daß sie etwas applaudieren.» *Der König selber war mein Chef de claque.*[272] *Der bezaubernde junge König von Hannover, der blinde Georg V., und seine Antigone, die Königin, interessieren sich so für meine Musik, daß sie um acht Uhr morgens zu meinen Proben kommen und manchmal bis Mittag bleiben, um – wie mir der König kürzlich sagte – besser in den inneren Sinn der Werke einzudringen und sich mit der Neuheit der Kompositionsweise vertraut zu machen*[273].

Heute vormittag, schreibt Berlioz aus Hannover an Ferrand, *empfing ich den Besuch der Frau von Arnim, der Bettina Goethes. Sie kam nicht, wie sie sagte, mich zu sehen, sondern mich anzuschauen. Sie ist zweiundsiebzig Jahre alt und sehr geistreich.*[274] In Leipzig lernt Berlioz Peter Cornelius kennen und Johannes Brahms, *diesen kühnen, so scheuen jungen Mann ... der vorhat, neue Musik zu machen. Er wird viel leiden.*[275] Die vier Konzerte in Dresden schließlich wurden, wie Hans von Bülow an Liszt schrieb, «zu einem der leuchtendsten Triumphe, die Berlioz je in Deutschland gefeiert hat»[276].

Im *heiligen Deutschland* – wie er es in den ursprünglichen Schlußsätzen der *Mémoires* (1854) apostrophiert –, *wo die Pflege der Kunst noch rein geblieben ist,* findet Berlioz die ersehnte künstlerische Anerkennung, insbesondere auch für den in Paris abgelehnten *Faust*. Verschiedene Hoffnungen

Weimar, Hoftheater (Deutsches Nationaltheater)

jedoch, eine feste Position zu erringen – in Dresden etwa, wo *der Intendant des Königs von Sachsen mir die Kapellmeisterstelle angeboten hat, die demnächst vakant sein wird*[277] –, zerschlugen sich; nicht anders, als es Berlioz in Rußland und in England ergangen war.

RESIGNATION IN PARIS

Alle Hoffnung, in Paris endlich Fuß zu fassen, hatte Berlioz um diese Zeit längst begraben.

1847, nach der Rußlandreise, war er das Opfer einer Intrige an der Opéra geworden, die ihn endgültig verbitterte. Roqueplan und Duponchel hatten unter dem Versprechen, ihm *die musikalische Oberleitung dieses Theaters und außerdem die Kapellmeisterstelle*[278] zu geben, Berlioz bewogen, über seinen Einfluß beim «Journal des Débats» die Bewerbung beider Herren für die Direktion der Opéra zu unterstützen. Das Resultat war, daß Berlioz nicht nur die Stellung nicht erhielt, sondern zudem, da er keine Zeit hatte, das Werk in kurzer Zeit fertigzustellen, den längst bestehenden Kompositionsauftrag für die Oper «La Nonne sanglante» zurückgeben mußte. (Eugène Scribes Libretto wurde dann von Charles Gounod komponiert.) *Ich erblicke nichts als Schwachsinn, Gleichgültigkeit, Undank und Schrecken . . . Das ist mein Los in Paris . . . Frankreich ist auf meiner musikalischen Karte ausgestrichen.*[279] *Bin ich aber erst einmal mit dem zu Ende, was ich noch habe, so bleibt mir nichts anderes übrig, als mich an einem Randstein niederzulegen und wie ein verirrter Hund vor Hunger zu sterben, oder mir das Gehirn zu zerspritzen.*[280]

Die bescheidene Bibliothekarsstelle am Conservatoire bleibt Berlioz 1848 nur durch persönliches Eintreten Victor Hugos erhalten, 1850 wird sie sogar etwas aufgebessert. 1856 wird Berlioz – kleine Genugtuung – nach drei erfolglosen Bewerbungen ins Institut de France gewählt. (Immerhin haben sich auch Delacroix oder Hugo mehrmals bewerben müssen.)

In Paris gibt Berlioz weit weniger Konzerte als früher; *ich werde nicht noch einmal an die Aufmerksamkeit des Publikums appellieren, um nichts als Gleichgültigkeit zu ernten*[281], schreibt er 1848 aus London kategorisch. 1849 brachte ein Konzert des Conservatoire, zum erstenmal übrigens seit sechzehn Jahren, wieder Werke von Berlioz zu Gehör, Teile aus *Faust*; man überreichte anschließend – Meyerbeer hatte sich maßgeblich dafür eingesetzt – dem Komponisten eine goldene Erinnerungsmedaille. (Man sagt, Meyerbeer habe nicht ganz selbstlos gehandelt: für die bevorstehende Premiere des «Propheten» war der Kritiker Berlioz milde zu stimmen.)

Eine «Société Philharmonique» wurde, wohl nach Londoner Vorbild, Anfang 1850 vor allem durch Berlioz' Initiative gegründet, der sich damit auch eine kontinuierliche, zuverlässige Möglichkeit für die Aufführung eigener Werke schaffen wollte. Nach glanzvollen, auch durch tüchtige Reklame und billige Eintrittspreise herbeigezogenen Erfolgen der ersten Konzerte – übrigens sind Gustave Dorés bekannte Karikaturen hier entstanden – scheiterte das Unternehmen im Jahr darauf, nicht zuletzt aus interner Opposition gegen Einseitigkeiten der Programmgestaltung.

Das Gefühl für das Wahre in der Kunst, schreibt Berlioz im Januar 1852 an

Alexej Lwow, wenige Wochen nach dem Staatsstreich Louis-Napoléons, *ist ebenso erloschen wie in der Moral das Gefühl für das Richtige, und ohne die Energie des Präsidenten würden wir zur Stunde einander in unseren Häusern anfallen und umbringen.*[282] Berlioz, ein Verächter von Revolution und Republik, baut auf den kommenden starken Mann, verführt wohl auch, wie die Mehrzahl seiner Zeitgenossen, durch den großen Namen, dessen Glanz in der verklärenden Erinnerung nur noch erhöht worden war. *Ich bin durch und durch Imperialist*, bekräftigt Berlioz drei Jahre später; *ich werde niemals vergessen, daß unser Kaiser uns von der schmutzigen, dummen Republik befreit hat! Alle zivilisierten Menschen müssen das im Gedächtnis behalten. Zu seinem Unglück ist er in bezug auf die Kunst ein Barbar, doch was tut's! – er ist ein barbarischer Retter.*[283] Über Victor Hugo, der nach dem Staatsstreich ins Exil flüchten mußte, fällt in diesem Zusammenhang das perfide

Johannes Brahms. Fotografie, um 1856

Louis-Napoléon als Präsident der Republik. Fotografie, 1852

Wort: *Hugo, dieser Narr, ist rasend, weil er nicht selber Kaiser ist! Nil aliud!*
Dem *Retter* dient sich Berlioz mit *L'Impériale* an, der Kaiserhymne, komponiert im Dezember 1854 zur Erinnerung an den 10. Dezember 1852, den Krönungstag: *Denn aus dem Grabe auferstanden,* wie im Text verkündet wird, *wie einst der Messias, ist die kaiserliche Dynastie, die Gott selbst geweckt hat, die die gloire geboren hat,* und mit dem immer wiederholten Refrain *Vive l'Empereur.* Der Kaiserhof indes verhielt sich, trotz zahlreicher weiterer Aktivitäten Berlioz', zurückhaltend. Immerhin schrieb ja Berlioz nach wie vor im «Journal des Débats», einem Oppositionsblatt; auch wußte man wohl noch, daß Berlioz 1848 versucht hatte, die Machthaber der Republik für sich zu gewinnen. Er muß, und gar nicht zu Unrecht, als Opportunist angesehen worden sein. So konnte Berlioz das 1849 komponierte *Te deum* weder, wie er gehofft hatte, zur Krönung Napoleons noch anläßlich seiner Hochzeitsfeierlichkeiten aufführen. Es erklang erst sechs Jahre später im Rahmen der Pariser Industrieausstellung. Bei den Festkonzerten im Industriepalast, wahren Monsterveranstaltungen, dirigierte Berlioz dann auch *L'Impériale.* Um die im Raum verteilten Klangmassen im Griff zu behalten,

Berlioz dirigiert ein Konzert der Société Philharmonique. Karikatur von Gustave Doré, 1850

hatte er ein elektrisches Metronom konstruieren lassen, *mit dessen Hilfe ich diese ganze ungeheure Mammutveranstaltung buchstäblich in der Hand gehabt habe*[284].

In diesen Jahren publizierte Berlioz mehrere, teils neu zusammengestellte Sammlungen von Liedern und Chorwerken (*Tristia, Irlande, Fleurs des landes, Feuillets d'album, Vox populi*) sowie den Essayband *Soirées de l'orchestre*, der sehr gut aufgenommen wurde. Auch die erste Aufführung von *L'Enfance du Christ* im Dezember 1854 fand starke Beachtung. Doch es waren schließlich alles nur kleinere, vereinzelte Erfolge; darüber, daß ihm der große Durchbruch auch im Second Empire versagt blieb, konnte Berlioz sich nicht täuschen.

Sie haben sich daran gewagt, die Gletscher zum Schmelzen zu bringen mit Ihrer Komposition der Nibelungen!, schreibt Berlioz 1855 an Richard Wagner nach Zürich; *ich muß verdrießliche Reisen machen, um meinen Lebensunterhalt zu verdienen, da mir Paris nur faule Früchte bietet. Gleichviel, wenn wir noch hundert Jahre länger lebten, würden wir, glaube ich, hinsichtlich vieler Dinge und Menschen recht behalten. Der alte Demiurg dort oben muß wohl in seinen alten Bart lachen über den steten Erfolg der alten Posse, die er uns spielt.*[285] Der Grundton der letzten Kapitel der *Mémoires*, abgefaßt 1853/54, ist Resignation, das Bewußtsein unwiderruflicher Isolation, das schmerzende Gefühl der Vergeblichkeit, des Endes. Eine Parabel hierfür ist die erschütternde Geschichte von der geträumten Symphonie, deren Realisierung Berlioz mit aller Vernunft, mit trauriger Einsicht also in die unerbittlichen ökonomischen Zwänge – *ich werde dabei schließlich verlieren, was ich nicht habe* – zurückweist. *In der folgenden Nacht kehrte die aufdringliche Symphonie wieder und ertönte in meinem Kopf . . . Ich wachte in fieberhafter Erregung auf, ich sang mir das Thema vor, dessen Charakter und Form mir ausgezeichnet gefielen . . . Aber die Überlegungen vom Vortag hielten mich noch einmal zurück, ich stemmte mich gegen die Versuchung, ich klammerte mich krampfhaft an die Hoffnung zu vergessen. Endlich schlief ich wieder ein, und am nächsten Morgen, als ich erwachte, war in der Tat jede Erinnerung daran verschwunden.*[286]

Immer wieder bricht Berlioz, der zunehmend an neuralgischen Attacken leidet, in gallige Attacken gegen Paris aus, gegen das verhaßte Spießbürgertum und sein Musikleben, in dem er Raum bloß noch zum Ersticken finden kann. *Ich fühle wohl, was ich in der dramatischen Musik schaffen könnte, aber es ist ebenso nutzlos wie gefährlich, den Versuch zu wagen . . . Jetzt bin ich wenn nicht am Ende meiner Karriere, so doch an dem Abhang angelangt, der schneller und schneller dahinführt; müde, versengt, aber immer noch glühend und voll von einer Energie, die zuweilen mit einer Heftigkeit ausbricht, die mich fast erschreckt.*[287] Im ersten *Postskriptum* der *Mémoires* (1858) verteidigt sich Berlioz in einer großen Rechtfertigung gegen alle die Mißverständnisse, denen seine Musik fortwährend ausgesetzt ist.

Zur künstlerischen Isolierung kommt menschliche Vereinsamung. 1848 stirbt Berlioz' Vater, den er geliebt hatte, zwei Jahre später die Schwester Nanci; es sterben die Freunde Chopin (1849) und Balzac (1850); Spontini stirbt (1851), der Abgott von Berlioz' Jugend. Und mit der Vereinsamung kommt – dem Psychologen ein vertrauter Vorgang – die Sehnsucht nach Rückkehr in die Kindheit. Vom Sterbebett des Vaters aus machte Berlioz sich

Berlioz. Fotografie von Nadar, um 1856

Marie Recio (Marie Martin). Fotografie

auf *(seltsamer Durst nach Schmerzen), den Schauplatz meiner ersten leiden-
schaftlichen Erregungen wieder zu begrüßen; ich wollte endlich meine ganze
Vergangenheit in die Arme schließen, mich berauschen an Erinnerungen,
wie tief auch die herzzerreißende Trauer sein mochte*[288]. Berlioz unternimmt
eine *fromme Pilgerfahrt* nach Meylan, zum Haus der Großeltern, vor allem
aber zum Haus Estelles, der unnahbaren Zauber-Geliebten des Kindes. Berlioz schreibt an Madame Fornier. *Sie werden nicht wissen, wer ich bin, und
Sie werden mir, so hoffe ich, die seltsame Freiheit verzeihen, daß ich Ihnen
heute schreibe. Ich verzeihe es Ihnen auch im voraus, wenn Sie über die
Erinnerungen eines Mannes lachen werden, wie Sie über die Schwärmerei
des Kindes gelacht haben. «Despised love».*[289] Sechzehn Jahre später erzwingt
Berlioz eine Begegnung.

Nach einer langen Zeit zunehmenden Verfalls, *seit vier Jahren gelähmt
und der Bewegung und der Sprache beraubt*[290], stirbt Harriet Berlioz-Smith-
son im März 1854. Der Schmerz, noch mehr das abgrundtiefe Mitleid, dem
Berlioz sich in diesem Kapitel der *Mémoires*, dem letzten, hingibt, ist sicher
keine literarische Pose. *Du wirst nie erfahren*, schreibt Berlioz zwei Tage nach
dem Tod an seinen Sohn Louis, der sich als *Volontäraspirant* auf See befin-
det, *was wir, Deine Mutter und ich, einer durch den andern gelitten haben,
und gerade diese Leiden waren es, die uns so eng aneinander fesselten. Es war
mir ebenso unmöglich, mit ihr zu leben, wie sie zu verlassen.*[291] *Harriet war
die Harfe, die in alle meine Musik hineinklang, in meine Freude und in meine
Trauer, und von deren Saiten ich – hélas! – so viele zerbrochen habe!*[292] Liszt
schrieb mir bald darauf aus Weimar einen herzlichen Brief, wie er sie so gut
zu schreiben versteht: *«Sie hat Dich inspiriert, Du hast sie geliebt, Du hast
sie besungen, ihre Aufgabe war erfüllt.»*[293] Wahrscheinlich, trotz der bitteren
Anspielung auf den Mohren, der seine Schuldigkeit getan, ein gerechtes
Urteil.

Der (vorläufige) Abschluß der *Mémoires* ist mit 13. Oktober 1854 datiert.
Wenige Tage später heiratet Berlioz Marie Recio. *Die Verbindung war*,
schreibt er erklärend an Louis, *durch ihre Dauer, Du wirst es verstehen,
unlösbar geworden . . . Wenn Du einige peinliche Erinnerungen an Made-
moiselle Recio hast und ihr nicht wohlgesinnt bist, so zweifle ich nicht, daß
Du diese Gefühle aus Liebe zu mir in der Tiefe Deines Herzens verschließen
wirst . . . denn ich möchte um alles nicht, daß in meine Häuslichkeit irgend-
ein Schatten fiele.*[294]

OPÉRA DE CONCERT UND ORATORIUM

«La Damnation de Faust»

*Im Winter 1845/46, auf der Reise durch Österreich, Ungarn, Böhmen und
Schlesien, begann ich mit der Komposition meiner Légende Faust, über deren
Plan ich schon lange nachgrübelte . . . Einmal im Zuge, entstand die Partitur
mit einer Leichtigkeit, wie ich sie bei meinen anderen Werken sehr selten
erfahren habe. Ich schrieb, wann und wo ich konnte, im Wagen, in der
Eisenbahn, auf dem Dampfer . . . Ich sagte schon, wie und bei welcher*

Gelegenheit ich in Wien in einer einzigen Nacht den Marsch über das ungarische Rákóczy-Thema machte. Die ungewöhnliche Wirkung, die er in Pest erzielte, veranlaßte mich, ihn in meine Partitur des Faust aufzunehmen ... Eines Abends, als ich mich in Pest verirrt hatte, schrieb ich beim Schein der Gaslaterne in einem Laden den Chorrefrain für den Bauerntanz. In Prag stand ich mitten in der Nacht auf, um eine Melodie aufzuschreiben, weil ich vor Angst zitterte, sie zu vergessen ... In Breslau machte ich Text und Musik zu dem lateinischen Studentenlied «Jam nox stellata». (An anderer Stelle freilich berichtet Berlioz, der Einfall zum Studentenlied und seiner Kombination mit dem Soldatenchor sei ihm anläßlich eines Umzugs in den Straßen von Paris gekommen.) *Das übrige ist in Paris geschrieben, doch stets den momentanen Eingebungen folgend, zu Hause, im Café, im Tuileriengarten ... Ich suchte die Gedanken nicht, ich ließ sie kommen, und sie stellten sich in ganz unvermuteter Reihenfolge ein. Als endlich die Partitur vollständig entworfen war, machte ich mich daran, das Ganze zu überarbeiten, an den verschiedenen Teilen zu feilen, sie zu verbinden und ineinanderzufügen.*[295] Trotzdem bewahrt das Werk in der Lockerheit der Bilderfolge noch etwas von der impulsiven Umgezwungenheit des Entstehungsprozesses.

Sobald ich mich entschieden hatte, ans Werk zu gehen, mußte ich mich auch entschließen, fast das ganze Libretto dazu selbst zu schreiben; die Huit scènes de Faust von 1829 in das neue Werk eingearbeitet – nach der Faust-Übersetzung von Gérard de Nerval sowie einige Szenen, die Almirc Gandonnière *nach meinen Angaben geschrieben hatte, bildeten zusammen nicht einmal den sechsten Teil des Werkes.* Oft hätten sich, wie Berlioz in den *Mémoires* ausführt, zunächst die musikalischen Gedanken eingestellt: *Ich versuchte also, während ich in meinem alten deutschen Postwagen dahinrollte, zu meiner Musik die Verse zu machen.*

La Damnation de Faust lehnt sich an Goethes Schauspiel keineswegs eng an; Szenenumstellungen, Kontraktierungen, freie Paraphrasen und neue Einschübe verändern den Handlungsgang, der Schluß – vom Höllenritt an, der etwas an Bürgers «Lenore» erinnert – weicht gänzlich ab, und die zentrale Problematik des Stücks, das Verhältnis Faust–Mephisto, ist eine andere. *Deutsche Kritiker griffen mich heftig an wegen der Änderungen, die ich in meinem Libretto am Text und am Plan des Goetheschen «Faust» vorgenommen hatte – als ob es keinen andern «Faust» gäbe als den von Goethe, und als ob man überdies eine solche Dichtung in ihrem ganzen Umfang, und ohne die Szenenfolge zu verändern, in Musik setzen könnte. Die Legende vom Doktor Faust,* führte Berlioz im Vorwort zur Partitur aus, *eignet sich zu verschiedenartigster Behandlung; sie gehört dem Volk an und war lange vor Goethe dramatisch bearbeitet worden.*

La Damnation de Faust ist keine Literaturvertonung, sondern eher, wie es dann später für Liszt bezeichnend ist, ein freies Weiterdichten literarischer Motive. Damit berührt sich das Werk aber mit der *Symphonie fantastique,* mit *Lélio* und mit *Harold;* ja, Berlioz weist in diesem Zusammenhang sogar – zweifellos mit überzogener Pointe – darauf hin, daß selbst *Roméo et Juliette* mit der unsterblichen Tragödie Shakespeares wenig Ähnlichkeit habe.

Obwohl Berlioz in einem Brief vom März 1846, geschrieben während der Kompositionsarbeit auf Reisen, von *meiner großen Oper (Grand opéra)*

«La Damnation de Faust»: Titelblatt der Partitur

Faust spricht, scheint es, daß er eine szenische Realisierung des Werkes nicht ins Auge gefaßt hat, und doch wohl nicht nur äußerer Schwierigkeiten halber. Die autographe Partitur trägt die Bezeichnung *Opéra de concert*, die Berlioz später durch *Légende* ersetzte; das rückt noch mehr in den Bereich von Kantate oder Oratorium. (Die heute geläufige Bezeichnung *Légende dramatique* ist etwas späteren Datums.)

Opernhaft gleichwohl ist nicht nur die Profilierung der drei Hauptfiguren, sondern vor allem auch eine Reihe von Szenentypen und musikalischen Charakteren, wie dem Repertoire der zeitgenössischen Grand opéra entnommen: die Balletteinlagen und marschartigen Umzüge in den Teilen I bis III, die Trink- und die Traumszene in II, das große Liebesduett mit dem anschließend dramatischen Terzett-Chor-Finale in III, die Naturschilderung in IV. Musikalisch-thematische Beziehungen innerhalb des Werkes sind bescheiden (etwa die Wiederkehr des Studentenchores aus dem Finale von II in IV, das dreimalige Auftreten des schneidend scharfen «Leitmotivs» Mephistos); wichtiger fast sind Korrespondenzen im Szenischen: des Naturmotivs in I und in IV, des Geisterballetts in II und in III, eines Marsches ohne dramatische Handlung in I und in II.

Eine operngerecht geschlossene Szenenfolge stellt freilich nur der III. Teil vor; Teil IV ist in seinem Schluß eher oratorienartig, I und II reihen Einzelbilder aneinander, deren dramaturgischer Zusammenhang nicht zwingend ist. Man könnte, aufs Ganze gesehen, von einer «epischen Oper» sprechen (wäre der Begriff nicht anachronistisch), einer Folge einzelner Tableaux, und *La Damnation de Faust* somit weniger als ein in sich geschlossenes «Werk» ansehen denn als «Scènes de Faust», als eine vergrößerte Version der älteren *Huit Scènes*. Das Weniger an explizitem Zusammenhang bedeutet aber zugleich ein Mehr an Freiraum für die nachschaffende Phantasie; und hierin dann verbindet sich *Faust* mit den verschiedenen Formen der Berliozschen *Symphonie dramatique*.

L'Enfance du Christ

Halb szenisch-dramatischen Charakters, nach Art einer opéra de concert, sind auch weite Partien der Geistlichen Trilogie *L'Enfance du Christ* (deren Titel vielleicht eine Reminiszenz an Herders «Kindheit Jesu» darstellt, die Johann Christoph Friedrich Bach komponiert hat). Opernhaft ist die Einteilung des ersten und des dritten Teils in *scènes*, in Tableaux, oft mit kurzen Regiekommentaren versehen; opernartig sind manche Charaktere, so der nächtliche, von einem Dialog unterbrochene Marsch (I/1), die dramatische «Wahnsinnsarie» des Herodes (I/2–3), die Quasi-Ballette der Wahrsager (I/4) und der jungen Ismaeliten (III/2), ferner die direkten musikalischen Raumeffekte bei den Engelchören. Der Tradition des geistlichen Oratoriums hingegen gehört die Rolle des Erzählers (*récitant*) an, der die Einleitungen zum ersten und zum dritten Teil gibt, schließend mit einem altertümlich toposhaften «*Nun hört, ihr Christen*»; im *Épilogue* des Werkes tritt er, den Chor anführend, aus dieser Rolle in die Ich-Person über («*Meine Seele, was bleibt für dich noch zu tun*») – der Chronist wird, in ergreifender Gebärde schlichter Frömmigkeit, zum betroffenen Gläubigen. *In diesem Schlußchor wird der ganze Inhalt des*

Werkes zusammengefaßt. Es liegt darin, scheint mir, ein Gefühl des Unend-
lichen, der göttlichen Liebe²⁹⁶, die religiöse Extase, die ich beim Schreiben
träumte und fühlte²⁹⁷.

L'Enfance du Christ ist nicht von vornherein als geschlossenes Werk
konzipiert worden. Zunächst, 1850, entstand der kleine Chor *L'Adieu des*
bergers (II/2), und zwar, Berlioz' Erzählung zufolge, aus der Laune eines
Abends. *Ich langweilte mich augenscheinlich, als Duc* (der mit Berlioz be-
freundete Architekt) *sich zu mir wandte und sagte: «Da Du doch nichts tust,*
solltest Du für mein Album ein Musikstück schreiben.» – «Gerne.» – Ich
nehme einen Fetzen Papier, ziehe darauf einige Notenlinien, auf denen bald
ein vierstimmiges Andantino für Orgel entsteht. Ich glaube in dem Stück
einen gewissen Ausdruck von ländlicher, naiver Mystik zu finden, und es
kommt mir sogleich der Gedanke, einen Text im selben Stil darunterzuset-
zen. Das Orgelstück verschwindet und wird zum Chor der Hirten von
Bethlehem, die dem Jesuskind einen Abschiedsgruß singen, als die heilige
Familie nach Ägypten aufbricht. Man unterbricht die Whist- und Brelanpar-
tien, um mein geistliches «Fabliau» zu hören. Man ergötzt sich am Mittelal-
terlichen meiner Verse und meiner Musik.²⁹⁸

Berlioz brachte den Chor in einem Konzert der Société Philharmonique als
angebliche Komposition eines gewissen Pierre Ducré, *eines Kapellmeisters*
meiner Erfindung, der im 18. Jahrhundert nicht gelebt hat. Die Mystifikation
gelang vollkommen; *der Chor hatte großen Erfolg²⁹⁹*, und man spielte den
sanften, melodiösen Stil des «Ducré» gegen Berlioz' Musik aus. Berlioz
komponierte den zweiten Vokalsatz hinzu (*Le Repos de la Sainte Famille*)
und schließlich die instrumentale *Ouverture*, die Ankunft der Hirten an der
Krippe vorstellend. Das Ganze, *La Fuite en Égypt* betitelt, führte er, nunmehr
unter seinem eigenen Namen, mehrmals mit großem Erfolg auf. Wenn er
auch an Liszt schrieb, es handle sich nur um *das Resultat einer kleinen Farce,*
die ich unseren guten Gendarmen der französischen Musikkritik gespielt
habe³⁰⁰, so fesselte Berlioz das – einmal begonnene – Experiment eines ganz
anderen Stils doch so weit, daß er zwei weitere Teile hinzukomponierte, erst
den dritten, schließlich den ersten. *Außerdem habe ich die Gewißheit, daß ich*
dieses Werk leicht und oft in Deutschland aufführen kann.³⁰¹ Von Berlioz
selbst stammt auch der Text, in dem sich Bibel und Legende, freie Dichtung
und literarische Anklänge mischen. (Die erste Szene, die nächtliche Runde in
Jerusalem, erinnert an die Eröffnung von «Hamlet», und der von Ängsten
gepeinigte Herodes variiert die Figur des Macbeth.)

Seit seinen ersten Aufführungen, in Paris im Dezember 1854, gewann
L'Enfance du Christ überall ungeteilten Erfolg; wenngleich vielfach nur
deshalb, weil man einen Stilwandel in Berlioz' Werk zu konstatieren glaubte,
eine endlich erfolgte Wendung zu Vernunft und verständlicher Einfachheit.
Nichts ist weniger begründet als diese Ansicht. Das Sujet hat naturgemäß
eine einfache und sanfte und eben dadurch ihrem Geschmack – dem Ge-
schmack der *Magier* der Kritik – *und ihrer Intelligenz besser entsprechende*
Musik hervorgebracht; außerdem mußten sich Geschmack und Intelligenz
mit der Zeit entwickeln. Ich hätte «L'Enfance» vor zwanzig Jahren ganz
genauso geschrieben.³⁰²

Die Archaismen in *L'Enfance* sind weder Rekonstruktionen noch Nach-
klang einer musikalischen Vergangenheit, sondern geben aparte Färbungen;

es geht nicht um Historismus, sondern um Neuerungen. *Ich habe einige neue Wendungen versucht: Herodes' Arie der Schlaflosigkeit ist in g-moll über einer Skala, die im Choral ich weiß nicht welchen griechischen Namen führt (mit erniedrigter zweiter Stufe «as»). Das führt zu sehr düsteren Harmonien und zu Kadenzen von eigentümlichem Charakter.*[303] Die *Ouverture* ist in *unschuldigem Stil, in fis-moll ohne Leitton – dieser Modus ist nicht mehr Mode, er ähnelt dem Choral und stammt, wie die Gelehrten Ihnen sagen werden, von irgendeinem phrygischen, dorischen oder lydischen Modus des alten Griechenlands ab (was gar nichts zur Sache tut); aber es herrscht in ihm offenbar jene melancholische, etwas einfältige Stimmung alter volkstümlicher Klagelieder.*[304]

BERLIOZ ALS SCHRIFTSTELLER

Zu einer Zeit, die Berlioz den Höhepunkt seiner Auslandserfolge erbringt, veröffentlicht er, im Dezember 1852, in Paris einen Sammelband mit Kritiken und Feuilletons unter dem Titel *Les Soirées de l'orchestre*. Die Rezensenten, die das Buch in Pariser Gazetten besprachen, zeigten sich sehr eingenommen von dem Werk – jedenfalls was seine literarischen Qualitäten betrifft. Das Kapriziöse, Spontane des Stils erinnere ihn an Denis Diderot, meint ein Kritiker etwa; und Schriftsteller wie Théophile Gautier bezeugten, Berlioz sei den zünftigen Literaten ebenbürtig: mit so viel «Phantasie, Verve und Esprit» schreibe er. Auch die beiden weiteren Essay-Bände, die Berlioz später publiziert hat, wurden ähnlich günstig aufgenommen: *Les Grotesques de la musique* (1859) und *À travers chants*, 1862 (eine sinngemäße Übersetzung lautet «Musikalische Streifzüge», doch das Wortspiel mit dem Gleichklang zu à travers champs [querfeldein] kann sie nicht wiedergeben).

Vorbehalte wurden freilich laut gegen Berlioz' Kritik – die man als degoutant empfand – an anerkannten Größen des Pariser Musiklebens; schlimmer aber war ein Lob, das einen Tadel, der auf anderes zielte, schnöde kaschierte. «Als Schriftsteller hat Berlioz alle unsere Sympathien», lautete ein häufiges Urteil: Mit dem perfiden Unterton wurde der Literat Berlioz, dessen Stil sich der nationalen Tradition brillanter Kritik so vorzüglich anschließen ließ, ausgespielt gegen den Komponisten, dessen neue Tonsprache vorzugsweise als ungebührliche Revolution gedeutet wurde.

In seinen Kritiken und Feuilletons spricht Berlioz, das ist nur natürlich, kaum von sich und seinen Werken; allenfalls kehrt die eine oder andere biographische Begebenheit in einer Novelle wieder, allerdings verschlüsselt, variiert, in andere Zusammenhänge transponiert, kurz: auf der Ebene von Literatur. (So etwa die Camille Moke-Episode in *Selbstmord aus Begeisterung* und in der – sit venia verbo – «music fiction story» *Euphonia*; die Intrigen um die Aufführung des *Benvenuto Cellini* in der pseudo-historischen Erzählung *Die erste Oper*.) Indirekt freilich, zumeist im Aspekt polemischer Kritik, geben die Texte sehr wohl Aufschluß über Berlioz' musikalische Wertvorstellungen. So unterstreicht er immer wieder die zentrale Bedeutung, die Rhythmus und Melodie im Sinne lebendiger, das Schema vermeidender Abwechslung für seine Musik haben, nur um so krasser, wenn er *die platte rhythmisierte Katzenmusik* (*le plat charivari rythmé*)[305] beklagt, über die langweilige *carrure* – die regelmäßige Viergliedrigkeit musikalischer Perioden – spottet und über die Armseligkeit von Kompositionen, in denen vor allem *die große Trommel mit Feuereifer arbeitet*[306] und man stets schon weiß, wie es weitergehen wird.

Mit am vergnüglichsten lesen sich Berlioz' ätzende Auslassungen über den zeitgenössischen Pariser Musikbetrieb. Nur um der Kritik am Konzertwesen willen, so scheint es, hat er die Novelle um den *Wandernden Harfenspieler* inszeniert: Kaum daß der arme Musiker – er stammt aus Österreich – den harmlosen Gedanken vorbringt, in Paris ließe sich durch Konzerte sicherlich Geld verdienen, als der Ich-Erzähler auch schon ausruft: *Ah! ah! ah! Sie rechnen damit, sich in Frankreich durch Konzerte bereichern zu können – ah! eine wahrhaft steirische Idee!*[307] und alle rhetorischen Register zieht, um in einer hinreißenden Groteske die grausamen Kämpfe zu schildern, die den Künstler in einer gleichgültigen Gesellschaft erwarten. Zahlreich sind die Karikaturen des Opernbetriebs, und außerordentlich aufschlußreich Berlioz' Ausführungen über die Organisationsformen der Claque; die Erzählung *Die Rotation des Tenors um das Publikum* trägt eine sozio-künstlerische Fallstudie im Gewand der Allgemeingültigkeit einer Parabel vor. (Wie auch Zeitgenossen erkannt haben, geht es hier um den Sänger Gilbert Duprez, dem Berlioz nicht verzeihen konnte, daß er 1838 den Fall von *Benvenuto Cellini* mitherbeigeführt hatte.)

Sieht man einmal von den schätzungsweise weit über zweitausend erhaltenen Briefen ab (der größere Teil davon wird erst jetzt nach und nach zugänglich gemacht), setzt sich Berlioz' literarisches Œuvre zusammen aus den postum veröffentlichten *Mémoires* – von der Bedeutung wie vom literarischen Anspruch her gehören sie zu den großen Autobiographen des 19. Jahrhunderts –, den zwei Bänden mit Reiseberichten (*Voyage musical en Allemagne et en Italie*, 1844), dem *Grand traité*, der Instrumentationslehre, und schließlich einer vierstelligen Anzahl von Kritiken und Feuilletons, die seit den frühen dreißiger Jahren in verschiedenen Pariser Journalen erschienen sind – in toto ein Pensum von einem Umfang, mit dem mancher Musikschriftsteller sich begnügen würde.

Obgleich für Berlioz der unmittelbare Anlaß zum Schreiben die finanzielle Not war und er stets den Verlust an Zeit beklagt hat, die ihm, müßte er nicht als *Galeerensklave* arbeiten, fürs Komponieren bliebe – daß die literarische Produktion ihm schließlich auch Spaß gemacht hat, verraten die Texte selber: So gut schreibt keiner, der dabei nur an die Suppe denkt. Auch hat Berlioz, wie er gelegentlich zugab, keineswegs das Quantum an Macht verachtet, das das Kritikeramt – für das «Journal des Débats» rezensierte er regelmäßig Konzerte und Neuerscheinungen – impliziert; er hoffte, dadurch Einfluß auf das Musikleben und den allgemeinen musikalischen Geschmack ausüben zu können. *Ich amüsiere mich oft damit,* schrieb er auch einmal, *die unterirdische Arbeit gewisser Leute zu verfolgen, die einen zwanzig Meilen langen Tunnel graben, um zu einem sogenannten «guten» Feuilleton zu kommen ... Es gibt nichts Lächerlicheres als die mühsame Arbeit, die Geduld, mit der sie den Gang bahnen und das Gewölbe aufbauen – bis zu dem Moment, in dem der Kritiker, gereizt durch diese Maulwurfsarbeit, plötzlich einen Strahl Wasser losschickt, der ... den Grubenarbeiter überflutet.*[308]

*Der Sänger Gilbert Duprez in der Titelrolle von Rossinis «Guillaume Tell».
Lithographie von Lacauchie*

Die Versuche, durch Musikkritik Einfluß zu gewinnen, sind Bestandteile einer – letztlich gescheiterten – allgemeinen Strategie, die Berlioz pro domo so konsequent betrieb, wie es üblich war (und wie Liszt oder Meyerbeer sie beispielsweise auch betrieben haben). Dazu gehört auch, daß er aus seinen Texten möglichst viel Kapital – buchstäblich und übertragen – zu schlagen versuchte, das heißt, sie (umgearbeitet oder in andere Zusammenhänge gestellt) mehrfach publizierte. Auf solche Weise entstanden die drei Essay-Bände: Wie Versatzstücke hat Berlioz seine Feuilletons neu montiert und zusammengestellt, mit Ein- oder Überleitungen versehen, mit ad hoc-Geschriebenem verbunden – und dabei noch, in den *Soirées* jedenfalls, eine neue literarische Form hervorgebracht. (Ein Musilscher «Großschriftsteller» könnte kaum ökonomischer vorgehen.)

Berlioz hat sich selbst für einen guten Schriftsteller gehalten: Er war stolz
darauf, *ganz passabel eine Seite Partitur und eine Seite Vers oder Prosa*[309]
schreiben zu können, und er wünschte, daß man von ihm auch als einem
prosateur spräche, *dem Verfasser des Buches Les Soirées de l'orchestre*[310].

Neben den *Mémoires* sind besonders die *Soirées* ein literarisches Meisterwerk; Ironie, Satire und Groteske sind hier mit köstlichen Novellen und
bissiger Kritik, mit biographischen Erzählungen und lockeren Anekdoten zu
einem hinreißenden Ganzen gemischt. Schon die Rahmenkonstruktion ist
eine einzige Satire auf den zeitgenössischen Opernbetrieb: Jedesmal, wenn
ein mittelmäßiges Werk auf dem Programm steht, und das ist zumeist der
Fall, führen die Musiker zu ihrer Zerstreuung lange Unterhaltungen, erzählen sich Geschichten, veranstalten also ihre «Soirées»; denn, so wird immer
wieder maliziös betont, es genüge ja vollkommen, wenn zwei oder drei
Instrumente, darunter freilich unbedingt die große Trommel, das Gebrüll der
Sänger begleiteten. Und so lautet das Einleitungsritornell jeder Soirée: *On
joue un opéra français moderne très plat* (oder *un opéra italien . . ., un
opéra-comique . . .*), sich reduzierend schließlich, bis zur letzten, der 25.
Soirée, zum bloßen Stichwort: *On joue, etc, etc, etc, etc.* Nur wenn hin und
wieder ein Meisterwerk gespielt wird – darunter «Freischütz» und «Fidelio»,
«La Vestale» von Spontini und Meyerbeers «Hugenotten» –, wirken alle
begeistert mit, und die literarische Soirée entfällt daher. (Eine Variante eines
beliebten Kunstgriffs romantischer Ironie.)

Das Mittel der Groteske setzt Berlioz so geschickt ein, daß der Leser der
rhetorischen Übertreibung meist gewahr wird, wenn der Bereich ernsthaft-
realistischer Kritik – der dadurch nur um so nachhaltigere Wirkung gesichert
wird – längst schon verlassen ist. So kommt die Gefährlichkeit und Unbere-
chenbarkeit einer Massenpsychose recht erst zu Bewußtsein, wenn Berlioz
im Laufe eines Berichts über Jenny Linds Gastspiel in New York den angebli-
chen Plan referiert, demzufolge eine «claque à mort», eine «Todesclaque»
etabliert werden sollte: Arme Teufel, deren Erben man 2000 Dollar anböte,
hätten unter Begeisterungsschreien für die Lind sich von Häusern stürzen
oder während der Darbietungen im Theater sich töten sollen.

Entzückend sind die Sprachmasken, mit denen Berlioz seine Leser mitunter in die Irre führt: angebliche Heine-Zitate, fingierte Kritiken – ganz im
bedeutungsvoll platten Jargon des Genres –, Dialoge à la Boulevard-Melo-
dram; entzückend auch die Selbstironie, etwa in der Novelle *Selbstmord aus
Begeisterung*, in der Berlioz sich selbst (die autobiographischen Andeutun-
gen sind unübersehbar), in der Rolle des Adolphe – zugleich auch eine
Anspielung auf Benjamin Constants berühmtem Roman – als überspannten
Liebhaber und als hysterisches Verehrer Spontinis karikierend zeichnet.
Zum Ausklang der *Soirées* hält der Verfasser als Gast der Musiker eine
begeisterte Rede, einen wahren Dithyrambus auf den unabhängigen, starken
und tapferen Künstler, den utopischen Helden der Utopie einer Kunstwelt –
und läßt zum Schluß für zwei Orchestermitglieder ihre langentbehrten
Lieblingsgetränke vom Kellner auffahren. *«Da sieht man es», grölt die ganze
Gesellschaft, «daß mit der Zeit und mit Geduld die mutigsten Künstler
schließlich das Schicksal besiegen!» Ich entwische inmitten des Lärms.*[311]
Eine Volte von bizarrem Humor, erinnernd an E. T. A. Hoffmann (den
Berlioz gern gelesen hat).

Sprach- und Wortspiele – für die die französische Literatur, verlockt durch die zahlreichen Äquivokationen, seit je ein Faible hat – wendet auch Berlioz mit Lust an, auf eine mitunter zwerchfellerschütternde Weise. Etwa in der Causerie über die hohe Kunst des Virtuosen, das Publikum zugleich «hinzureißen» und zu «dressieren»: *In Frankreich muß man das Publikum mitreißen (entraîner), so, wie man die Rennpferde zureitet (entraîne); das ist eine ganz besondere Kunst. Es gibt hinreißende (entraînants) Künstler, denen das niemals gelingen wird, und andere von platter Mittelmäßigkeit, die unwiderstehliche Bereiter (entraîneurs) sind.*[312]

NOCH EINMAL: VERGIL UND SHAKESPEARE

«LES TROYENS»

Bei Berlioz' Besuch in Weimar 1856 entstand in langen Gesprächen mit Franz Liszt und Carolyne von Sayn-Wittgenstein der Plan einer großen Vergil-Oper. *Ich kam auf meine Bewunderung für Vergil zu sprechen und auf meine Idee, eine Grand opéra in Shakespeareschem Stil zu schreiben, deren Sujet das zweite und vierte Buch der «Aeneis» sein sollte. Ich fügte hinzu, daß ich zu gut wüßte, wieviel Kummer mir ein solches Unternehmen notwendig bereiten würde ... «Gewiß», antwortete die Prinzessin, «muß aus Ihrer Leidenschaft für Shakespeare, vereint mit solcher Liebe zur Antike, etwas Großartiges und Neues hervorgehen. Wohlan, Sie müssen diese Oper schreiben» ... Nach Paris zurückgekehrt, begann ich, die Verse zu der dramatischen Dichtung «Les Troyens» niederzuschreiben.*[313]

Les Troyens sind quasi ein privates Auftragswerk der Fürstin Carolyne; und die Vollendung der Oper ist offensichtlich nicht zuletzt der starken Ausstrahlung dieser Frau zu verdanken, die Berlioz – der Ton seiner Briefe läßt es ahnen – in Bann gezogen hat, auch über seine spätere Entfremdung zu Liszt hinaus. (Sogar an der einige Jahre später von der Fürstin propagierten Idee einer Cleopatra-Oper – *Les Troyens* ruhten in der Schublade – möchte der kranke und verbitterte Komponist sich noch entzünden: *Einzig und allein, um Ihnen zu gehorchen ... Aber wozu ein solches Werk schreiben? In der Tat für Sie! Es ist wahr. Pardon.*[314]) Den Entstehungsprozeß des Werkes dokumentieren zahlreiche Briefe Berlioz' an die Fürstin, in denen er auch Details erörtert, Umarbeitungen beschreibt und auf Vorschläge und Einwände der Briefpartnerin eingeht.

Im Sommer 1856 schließt Berlioz das Libretto zunächst ab. *Sie werden,* schreibt er der Fürstin bei der Ankündigung der Lektüre, *in dieser Vergil-Dichtung viele Shakespeare-Anleihen finden* – das Grauen der Geistererscheinungen etwa, und teilweise wörtlich die Verse zur Liebesszene im vierten Akt. *Ich habe meinen Cypernwein mit Spiritus verschnitten.*[315] *Sie gehen sogar so weit,* repliziert Berlioz auf einen anscheinend detaillierten Kommentar Carolynes, *die Schönheiten der Vergilischen Dichtung mir zur Ehre anzurechnen und mich wegen meiner Plagiate an Shakespeare zu loben.*[316] Das zweite und das vierte Buch der «Aeneis» bilden die Grundlage für das Libretto; nicht wenige Verse sind unverhohlene Vergil-Paraphrasen.

cesse: L'académie m'a nommé, vous
le savez déjà; et l'Opéra est à peu
près terminé. J'en suis à la dernière
scène du 5me acte. Je me passionne
pour ce sujet plus que je ne devrais,
et je résiste aux sollicitations que la
musique me fait de temps en temps
pour que je m'occupe d'elle. Je veux
~~tout~~ bien finir avant d'entreprendre
la partition. Il n'y a pas eu moyen
pourtant, la semaine dernière, de
ne pas écrire le Duo de Shakespeare

" In such a night as this
When the sweet wind did gently kiss the trees
Et la musique de ces litanies de l'amour
est faite.
Mais il me faudra bien encore quinze
jours, pour limer et ciseler et polir et
corriger et tordre et redresser tous ces
vers tels quels.
Je vous devais ce compte du travail que

Brief von Berlioz an Carolyne Fürstin von Sayn-Wittgenstein (24. Juni 1856)

Der Kompositionsprozeß, in dessen Verlauf das Libretto mehrfach Umgestaltungen erfährt, reißt Berlioz in einer Begeisterung mit, die alle anfänglichen Bedenken und den *Widerwillen, den meine Krankheit mir eingab*[317], hinwegschob. *Ich denke nur daran, das Werk zu vollenden ... Ich arbeite mit einer konzentrierten Leidenschaft, die zu wachsen scheint, je mehr sie befriedigt wird ... Ich empfinde ein wahres Glück dabei, diesen großen Robinsonkahn auszuhöhlen, auszurüsten und mit Masten zu versehen, den ich nicht flottmachen kann, wenn das Meer nicht selbst ihn holen kommt.*[318]

Was unsere Troyens betrifft, so habe ich kein Wort gesagt, keinen Schritt getan, nicht einmal einen Bürogehilfen aufgesucht, um ihn zu veranlassen, daß man sich damit beschäftigt[319], schreibt Berlioz im Januar 1859; die Partitur und auch schon der Klavierauszug sind abgeschlossen. Die Gelassenheit verliert Berlioz, nachdem einige Monate später Szenen der Oper konzertant aufgeführt worden waren: *Ich muß Ihnen gestehen, seit diesem Augenblick quält mich Tag und Nacht der Gedanke an die Quarantäne, der man dieses Werk unterwirft ... Diese großen Stellen haben mich berauscht. Jetzt sehe ich die Wirkung, die sie auf der Bühne haben würden, aber was soll ich tun.*[320] Jahre des Wartens und Hoffens, der Demütigungen und Qualen: die Direktion der Opéra entscheidet nichts, auch nicht der Kaiser, obgleich er höchstes Interesse für *Les Troyens* vorgibt und die Inszenierung an der Opéra verspricht.

Schließlich willigte Berlioz ein, daß das kleinere und unzulänglich ausgestattete Théâtre-Lyrique sich des Werkes annahm. Jedoch: *Man wird «La Prise de Troie» nicht aufführen; die beiden ersten Akte werden für jetzt weggelassen. Ich mußte sie durch einen Prolog ersetzen, wir beginnen erst in Karthago. Das Théâtre-Lyrique ist weder groß noch reich genug ... Verstümmelt, wie es ist, ist das Werk mit seinem Prolog immer noch in fünf Akte geteilt.*[321] Nicht genug, Berlioz mußte noch, wie er in den *Mémoires* bitter sarkastisch beschreibt, zahlreichen Streichungen und Änderungen zustimmen. *Trotz der «Verbesserungen» und «Korrekturen» ... brachten es «Les Troyens à Carthage»* – unter diesem Titel fand die Premiere des Fragments im November 1863 statt – *nur auf 21 Vorstellungen.*[322] Aber großartiger Erfolg; tiefe Erregung im Publikum, Tränen, endloser Beifall[323]; und in vielen Zeitungen *berauschende Lobreden auf den Verfasser*[324].

Das Schicksal des Werkes jedoch schien besiegelt. Denn auch der Klavierauszug, der 1863 erschien, gab die entstellte Fassung vom Théâtre-Lyrique wieder, desgleichen die postum gedruckten beiden Teilpartituren, die zudem nicht einmal in den Verkauf gelangten. Erst 1969, zum 100. Todesjahr Berlioz', wurde der Nachwelt die authentische Gestalt seines opus magnum zugänglich.

Die Schallplattenproduktion, die dieser Edition folgt, vermittelt die erste Begegnung mit diesem bisher «unbekannten Meisterwerk». Nicht nur der alte Vorwurf der Monstrosität dürfte nunmehr endgültig fallen – vier Stunden, die reine Spieldauer gemessen, sind so außergewöhnlich nicht –, erst recht die These vom Nachlassen der schöpferischen Kräfte beim «späten» Berlioz. Die Musik der *Troyens* ist von spannungsvoll durchgehaltener Größe, sie faßt noch einmal den ganzen Reichtum der Berliozschen Kunst zusammen, und ihre Ausdruckscharaktere gehören der vollen Skala zwischen Erhabenheit und Leidenschaftlichkeit an.

Es zeigt sich ferner, daß eine Teilung den Sinn des Werkes verstümmelt hat. Der Zusammenhang des Ganzen erweist nämlich, daß es – anders als in den zahllosen Barockopern desselben Sujets, der tragischen Geschichte von Dido und Aenaes – auch in den Akten III bis V (*Les Troyens à Carthage*) primär nicht um die persönlichen Konflikte zwischen Liebe und Pflicht geht: Die Verklammerung von Geschichte, mythischer Bestimmung und Schicksal bildet durchgehend den Gegenstand von *Les Troyens*. Das ist Vergils Entwurf kongenial; und dieses Moment des Epos hebt *Les Troyens* ebenso ab vom Historien-Typus der Grand opéra (dem Geschichte, als Episode begriffen, bloß zum Sujet wird) wie andererseits von Wagners späterem «Ring» mit seiner quasi geschichtslosen Privatmythologie. *Les Troyens* erinnern eher an die heroische Größe der Antikenbilder Jacques-Louis Davids.

Der Reminiszenz an David, was den Gestus angeht, fügt sich dann freilich – und sie dadurch fast legitimierend – die musikalische Nähe zu Gluck und

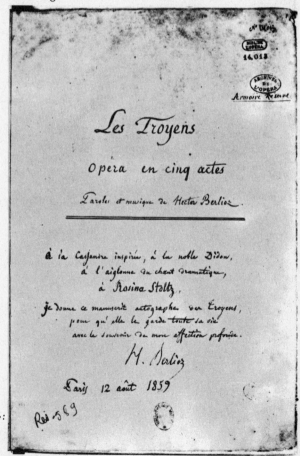

«*Les Troyens*»:
Titelblatt des
Librettos

Spontini an, auch zu den Charakteren von Berlioz' frühen dramatischen *Scènes. Ich fühle, daß, könnte Gluck zurückkommen und «Les Troyens» hören, er zu mir sagte: «Wahrhaft, das ist mein Sohn». Ich bin nicht gerade bescheiden, nicht wahr?*[325], schreibt Berlioz 1858 der Schwester Adèle. *Les Troyens* sind ein Meisterwerk der Retrospektion, das in seiner Zeit einzigartig, wie erratisch, dasteht; einer Retrospektion, die mit weitem Atem die großen Vorbilder von damals – Gluck, Spontini – in die neue Musik herüberholt, und zugleich, Retrospektive auch im Biographischen, die unauslöschliche literarische Prägung der frühen Jugend – Vergils Epos –, verändert durch das Prisma der romantischen Shakespeare-Deutung, heimführt. *Die antiken Stoffe sind wieder neu geworden, freilich unter der Voraussetzung, daß die Autoren sie nicht in kläglicher Manier . . . behandeln.*[326] *Die Partitur der Troyens fließt über von Leidenschaft:*[327] Klassische Größe, gesehen durch das romantische Temperament. (Wollte man in der französischen Musik von «romantischem Klassizismus» sprechen, so träfe dies überhaupt nur für Berlioz' *Troyens* zu.)

Das Titelblatt des Klavierauszugs der *Troyens* trägt die Widmung *Divo Virgilio* (Dem göttlichen Vergil); stolz und doch bescheiden, eine Widmung von der Art der Neunten Symphonie Bruckners. Einigen Exemplaren des Klavierauszugs wurde ein Widmungsbrief an die Fürstin Wittgenstein beigegeben. Er schließt: *Sie haben, als Sie mich in den Kampf schickten, wie jene Spartanerinnen gesprochen, die ihren Söhnen einen Schild reichten mit den Worten: Kehre wieder, mit ihm oder auf ihm! Ich bin zurückgekommen, blutend und schwach, mit dem Schild. Das Werk hat, wie ich selbst, während des Kampfes schwere Wunden erlitten. Ich war stark genug, sie zu heilen . . . Es trägt die Votivinschrift: Divo Virgilio. Aber könnte es nicht auch Ihren Namen tragen? Möge es also leben unter diesem doppelten Protektorat!*[328]

«BÉATRICE ET BÉNÉDICT»

Zwei Jahre nach Vollendung der *Troyens*, mitten in den Querelen um die Aufführung, machte sich Berlioz, um sich *zu erholen,* an eine kleine Opéra comique. *Sie ist heiter und fröhlich.*[329]

Béatrice et Bénédict ist ein Auftragswerk für Édouard Bénazet und das neue Theater von Baden-Baden. (In Baden-Baden hatte Berlioz seit 1853 mehrfach dirigiert.) Berlioz plante die Oper zunächst einaktig, mit *einem Dutzend Musikstücken*[330]*. Ich habe mir diesen Akt aus der Tragikomödie von Shakespeare «Viel Lärm um Nichts» zurechtgeschnitten.*[331] Shakespeares kompliziertes Handlungsgefüge ist erheblich reduziert, und zwar um den der Tragödie zuneigenden Anteil – die Intrige des Don Juan, den Scheintod Heros –; es bleibt ein harmlos heiteres Spiel, in dessen Mittelpunkt Béatrice und Bénédict stehen. *Ich habe nur den Grundgedanken dem Stück entnommen, alles übrige ist meine Erfindung. Es handelt sich ganz einfach darum, Béatrice und Bénédict zu überzeugen, daß sie ineinander verliebt sind . . . Das ist von exzellenter Komik, Du wirst es sehen. Außerdem sind da dann auch noch Scherze von meiner Erfindung und musikalische Chargen*[332] (die possenhafte Figur des Kapellmeisters Somarone, der die entsprechende Musik zugeordnet ist).

Édouard Bénazet, Direktor der Spielbank von Baden-Baden

Béatrice et Bénédict wurde schließlich in zwei Akten mit insgesamt siebzehn Musiknummern angelegt; die gesprochenen Dialoge sind teilweise wörtlich Shakespeares Komödie entnommen. (Dramaturgisch schwer verständlich ist Béatrices Auftritt in Nr. 10, der sich unvermittelt auf eine Szene bezieht, die nicht nur dem vorangehenden Akt angehört, sondern dort nicht einmal gespielt, nur impliziert wird.)

Im August 1862 dirigierte Berlioz *Béatrice et Bénédict* zur Eröffnung des Baden-Badener Theaters. *Großer Erfolg!* «Béatrice» *ist von Anfang bis zum Ende mit Beifall aufgenommen worden; man hat mich, ich weiß nicht wie oft, herausgerufen.*[333] *Bénazet, der seine Sachen immer großartig macht, hat für die Oper ein wahnsinniges Geld ausgegeben für Kostüme, Dekorationen, für Darsteller und Choristen . . . Das hat hier* (in Paris nämlich) *großen Lärm gemacht.*[334] Vor allem hat *das Duett Hero–Ursula (Nr. 8) eine riesige Wirkung hervorgebracht; der Beifall wollte gar kein Ende nehmen*[335]. Besonders dieses Duett – ein bezauberndes, doch kaum ein originelles Stück – wurde dann öfters auch in Konzerten aufgeführt; ähnlich wie bei *L'Enfance du Christ* pflegte man auch anläßlich seiner letzten Oper den endlich verständlichen, den «leichten» Berlioz zu feiern. *Man entdeckt, daß ich Melodie habe, daß ich heiter und sogar komisch sein kann . . . Welche Geduld müßte ich haben, wenn ich nicht auch so gleichgültig wäre!*[336]

Für mein Gefühl, heißt es im letzten Nachtrag der *Mémoires*, ist dieses Werk *eines der lebendigsten und originellsten, die ich geschaffen habe*[337]. Wenngleich man dieses Urteil kaum teilen wird, so enthält die Partitur doch, ungeachtet der nicht wenigen Konventionalismen, Kostbarkeiten; und von Rang ist die musikalische Komik – im *Épithalame grotesque* etwa, das einem satirisch aufgefaßten Historismus huldigt und vom Kapellmeister, wie in einem Zynismus über Berlioz' eigene Musik, als geheimnisvoll doppeldeutig

119

erklärt wird («. . . *der doppelte Charakter der Kantate . . . Hört Ihr? Lächelnd und düster – Leben und Tod . . . da ist alles drin! Vorwärts!*»).

Vielleicht ist Berlioz' hohe Schätzung des Werks schlicht nicht davon zu trennen, daß *Béatrice et Bénédict* schließlich seine einzige Oper nach Shakespeare ist, dem Dichter, der ihn über drei Jahrzehnte lang in seinem Bann gehalten hatte. Für das Sujet übrigens hatte sich Berlioz schon einmal interessiert. 1833 schrieb er an Joseph d'Ortigue: *Nebenbei, ich werde eine sehr lustige italienische Oper schreiben über Shakespeares «Viel Lärm um Nichts».*[338] Das heitere Alterswerk löst den Jugendtraum ein.

BERLIOZ UND WAGNER

Das Verhältnis zwischen Berlioz und Richard Wagner ist gekennzeichnet einerseits durch gegenseitiges Respektieren der kompositorischen Leistung und der künstlerisch-persönlichen Kompromißlosigkeit, andererseits aber durch ein so grundlegendes wechselseitiges Unverständnis, von Neid und Mißgunst auf beiden Seiten gefördert, daß bei Berlioz schließlich maliziöse Vorurteile gegen Wagners Musik sich verhärteten, während bei Wagner eine – scheinbar geschichtsphilosophisch abgesicherte – Denunzierung des Œuvres Berlioz' stattfand. (Wagners Urteil ist auf das deutsche Berlioz-Bild wohl nicht ohne Einfluß geblieben.) Durch die gemeinsame Freundschaft mit Franz Liszt, der, menschlich generöser und auch in bezug auf das kompositorische Schaffen weniger egozentrisch, stets beiden gerecht zu bleiben bemüht war, entstand eine Konstellation, die Wagner in einer ressentimentfreien Stunde in einem Brief an Liszt (1860) so beschrieben hat: «Ich . . . erkannte, daß der Hochbegabte nur wieder den sehr Hochbegabten zum eigentlich erkennenden Freunde haben kann, und das bestimmte mich zu der Einsicht, daß in dieser Gegenwart doch nur wir drei Kerle eigentlich zu uns gehören, weil nur wir uns gleich sind; und das sind – Du – Er – und Ich!»[339]

Richard Wagner hat seit seiner Pariser Zeit ein aus Faszination und Widerwillen gemischtes Verhältnis zu Berlioz' Musik und zu ihrem Schöpfer. Im März 1841 schreibt er aus Paris an Ferdinand Heine: «Die Sache ist die: Berlioz steht unter den Franzosen so ganz allein da, daß er, alles notwendigen Stützpunktes entbehrend, gezwungen ist, in einer fantastischen Irre umherzutappen, die ihm eine s c h ö n e Entwicklung seiner enormen Kräfte äußerst erschwert, ja vielleicht unmöglich machen wird. Er ist und bleibt eine abgerissene Erscheinung, aber er ist Franzos im vollen Sinne des Worts . . . Was er gibt, gibt er aus seinem innersten Innern, er verzehrt sich und ist der einzige französische Componist, der nach seinem Succes nicht fett wird.»[340] Und im Januar 1842 an Robert Schumann: «Dieser Mensch ist durch Frankreich oder vielmehr Paris so ruiniert, daß man nicht einmal mehr erkennen kann, was er vermöge seines Talentes in Deutschland geworden wäre. Ich liebte ihn, weil er tausend Dinge besitzt, die ihn zum Künstler stempeln, wäre er doch ein ganzer Hanswurst geworden, in seiner Halbheit ist er unausstehlich – und was das Entsetzlichste ist – grenzenlos langweilig.»[341] (Schumann, der einen Teil dieses Briefes als «Extrablatt aus Paris» in seiner «Neuen Zeitschrift für Musik» publizierte, griff hier redigierend ein.) «Mit wenigen Ausnahmen», notierte Wagner in einer «Autobiographischen Skizze» von 1842 zu Berlioz, «ist seine Musik Grimasse.»[342]

Über die *Symphonie fantastique* berichtete Wagner 1841 nach Dresden: «Ein ungeheurer innerer Reichtum, eine heldenkräftige Phantasie drängt einen Pfuhl von Leidenschaften wie aus einem Krater heraus; was wir erblicken, sind kolossal geformte Rauchwolken, nur durch Blitze und Feuerstreifen geteilt und zu flüchtigen Gestalten modelt. Alles ist ungeheuer, kühn, aber unendlich wehtuend – Formschönheit ist nirgends anzutreffen.»[343] (Jahre danach, 1855, schreibt Wagner an Liszt: «Ich gestehe, daß es mich jetzt sehr interessiert, seine Symphonien einmal genau in der Partitur vorzunehmen.»[344] Einigermaßen sicher ist auch, daß Wagner weder von *Benvenuto Cellini*, den er verurteilte, mehr als einige Fragmente kannte, noch *La Damnation de Faust* gehört hatte, die er als «Geschmacklosigkeit»[345] abtat.)

1855 waren sich Berlioz und Wagner in London, wo sie bei verschiedenen Konzertgesellschaften dirigierten, menschlich nahegekommen. Begeistert schreibt Wagner über die «herzliche und innige Freundschaft, die ich für Berlioz gefaßt, und die wir beide geschlossen ... Er wurde mir ein ganz anderer, als er mir früher war; wir fanden uns plötzlich aufrichtig als Leidensgefährten, und ich kam mir – glücklicher vor als Berlioz.»[346] Und dieser über Wagner: *Er ist herrlich an Eifer und Herzenswärme, und ich gestehe, daß selbst seine Heftigkeiten mich entzücken. Er hat für mich etwas merkwürdig Anziehendes, und wenn wir beide schroff sind, so fügen sich wenigstens unsere Schroffheiten ineinander.*[347]

Jäh endet die Freundschaft wieder; denn eine englische Musikzeitung publiziert und kommentiert jene Passagen aus «Oper und Drama», in der Wagner *mich auf die komischste und geistreichste Art herunterreißt ... Die Welt ist ein Theater!!*

Bei späteren persönlichen Begegnungen, 1858, 1859 und 1860 in Paris, dominiert die Distanz, auch das gegenseitige Unverständnis der Kompositionen. In Wagners Auftreten in Paris 1860 sieht Berlioz schließlich offenes Rivalentum, das ihm beißende Sottisen über die «Zukunftsmusik», *die Schule der Katzenmusik (charivari)*[348] entlockt; der Fall des «Tannhäuser», der auf kaiserlichen Befehl den *Troyens* vorgezogenen Oper des Ausländers, erfüllt Berlioz mit einer Genugtuung, die sich vor Haß überschlägt. *Wagner ist offensichtlich verrückt. Er wird an Wahnsinn sterben, ebenso wie Jullien im vergangenen Jahr.*[349]

Die Besprechung der *Konzerte Richard Wagners*, mit dem Untertitel *Die Zukunftsmusik (La Musique de l'avenir)*, die Berlioz 1860 für das «Journal des Débats» geschrieben und bald darauf in den Sammelband *À travers chants* übernommen hat[350], gehört gewiß nicht zu seinen Meisterstücken; abgesehen davon, daß die denunziatorische Arbeit, verknüpft mit halbversteckter Selbstapologie, kraß hervortritt. Zunächst eine breite Darlegung des Gemeinplatzes, *Voreingenommenheit* des Kritikers sei unvermeidbar: *Dies wird meine Entschuldigung sein, wenn ich mir jetzt die Freiheit nehme, von Richard Wagner nach meiner persönlichen Empfindung zu reden.*

Bei der Besprechung der Kompositionen Wagners – Ouvertüre des «Holländer», Ouvertüre und Szene aus «Tannhäuser», Vorspiel und Szene aus «Lohengrin» und «Tristan»-Vorspiel – pointiert Berlioz immer wieder *die*

121

Richard Wagner. Fotografie, Paris 1860

Neigung Wagners und seiner Schule, der «Empfindung» nicht Rechnung zu tragen, nur die auszudrückende poetische oder dramatische Idee im Auge zu haben, ohne sich darum zu kümmern, ob der Ausdruck dieser Idee den Komponisten zum Verlassen des eigentlich musikalischen Bereichs (conditions musicales) zwingt oder nicht. Berlioz gefällt sich in der Rolle des Verteidigers eines klassizistischen Maßes. Wagners Fähigkeiten würden viel stärker leuchten, wären sie mit mehr Erfindungsgabe, weniger Gesuchtheit und einer gerechteren Würdigung gewisser Grundregeln der Kunst verbunden.

Prüfen wir nun die Theorien, fährt Berlioz fort, *die als die seiner Schule gelten, die man heute allgemein als Schule der Zukunftsmusik bezeichnet.* In den folgenden Punkten, glänzend in ihrer rhetorischen Ranküne, nennt Berlioz zunächst allgemeine Grundsätze zeitgemäßer Kompositionsweise (etwa: *Verschiedene Formen sind zu häufig angewendet worden, um noch zulässig zu sein*), die ja auch nur den Schluß zulassen: *Also gehören wir alle in diesem Sinne der Schule der Zukunft an.* Dann aber zieht er gegen die neuen Gesetze zu Felde, die da – fingiert und abstrus wie sie sind – lauten sollen: *Man muß das Gegenteil von dem tun, was die Regeln lehren . . . Man darf nur der Idee Rechnung tragen und sich aus der sinnlichen Empfindung nichts machen. Man muß das lumpige Ohr verachten . . .*

Als Musikkritik gelesen, ist Berlioz' Text eine Infamie: Er gibt – und zwar, wie man annehmen muß, wider besseres Wissen – einen schiefen, mißverständlichen Begriff der Lächerlichkeit preis, um Wagners Musik als Verirrung zu denunzieren. «Zukunftsmusik» wird hier zum wahren Antichrist: *Wenn das die neue Religion ist . . ., so bin ich weit davon entfernt, mich zu ihr zu bekennen . . . Ich hebe die Hand und schwöre «Non credo».*

Richard Wagner antwortete Berlioz gleich darauf, im Februar 1860, mit einem Offenen Brief[351], sachlich gehalten, ruhig bemüht um Aufklärung über den aus Mißverständnis geborenen Begriff «Zukunftsmusik». «Ermessen Sie, lieber Berlioz, wie es mir nun vorkommen muß, wenn ich nach zehn Jahren nicht nur aus der Feder obskurer Skribenten, aus dem Haufen halb oder ganz unsinniger Witzbolde, aus dem Geschwätz der ewig nur nachschwatzenden blinden Masse, sondern selbst von einem so ernsten Manne, einem so ungemein begabten Künstler, einem so redlichen Kritiker, einem mir so innig werten Freunde, dieses albernste aller Mißverständnisse einer, wenn irrigen, doch jedenfalls tief gehenden Idee, mit der Phrase einer ‹musique de l'avenir› mir zugeworfen sehe, und zwar unter Annahmen, die mich, sobald ich irgendwie bei der Abfassung der von Ihnen angezogenen Thesen beteiligt wäre, geradesweges unter die albernsten Menschen selbst einreihen müßten.» Begreiflicherweise ging es Wagner auch darum, den Kritiker Berlioz günstig zu stimmen; das verraten die Schlußsätze: «Gönnen Sie meinen Dramen ein Asyl auf Frankreichs gastlichem Boden, und glauben Sie an die herzliche Sehnsucht, mit der ich der ersten und hoffentlich durchaus gelingenden Aufführung der ‹Trojaner› entgegensehe.»

1851 hatte Wagner, woran er 1860 verständlicherweise nicht rührt, im Zusammenhang seiner Hauptschrift «Oper und Drama» Kritik an Berlioz vorgetragen, die sich um so fundamentaler gab, als die geschichtsphilosophische Konstruktion, von der das Buch getragen wird, die Musik Berlioz' nicht nur als ästhetisch minderwertig, sondern vor allem als Verirrung brandmarkt, als sinnlose Überflüssigkeit. Anders als in den Pariser Berichten von 1841, steht Wagner in «Oper und Drama» unter dem Zwang des selbsterrichteten Systems, einer geschichtlichen Dialektik, die notwendigerweise auf das (Wagnersche) «Musikdrama» hinführt. Berlioz erscheint hier als «der unmittelbare und energischste Ausläufer Beethovens nach der Seite hin, von welcher dieser sich abwandte, sobald er – wie ich es zuvor bezeichnete – von der Skizze zum wirklichen Gemälde vorschritt»[352]. Wagner meint damit das Finale der Neunten Symphonie, mit dem Beethoven seinen «Irrtum»[353] – das verzweifelte «Ringen nach Auffindung eines neuen musikalischen Sprachvermögens nach allen Richtungen hin in oft krampfhaften Zügen»[354] in seiner Instrumentalmusik – aufgehoben habe. Berlioz jedoch habe sich «phantastischer Willkür» zugewandt, der «Laune», dem «hexenhaften Chaos»[355]. «Berlioz trieb seine enorme musikalische Intelligenz bis zu einem vorher ungeahnten technischen Vermögen. Das, was er den Leuten zu sagen hatte, war so wunderlich, so ungewohnt, so gänzlich unnatürlich, daß er dies nicht so gerade heraus mit schlichten, einfachen Worten sagen konnte: er bedurfte dazu eines ungeheuren Apparates der kompliziertesten Maschinen, um mit Hilfe einer unendlich fein gegliederten und auf das Mannigfaltigste zugerichteteten Mechanik Das kundzutun, was ein einfach menschliches Organ unmöglich aussprechen konnte: eben weil es etwas ganz Unmenschliches war.»[356]

Das «Unnatürliche» werde, fadem Schwindel früherer «Priesterschaft» nicht unähnlich, durch «Wunder der Mechanik» hervorgezaubert: «Und ein solches Wunder ist in Wahrheit das Berlioz'sche Orchester. Jede Höhe und Tiefe der Fähigkeit dieses Mechanismus hat Berlioz bis zur Entwicklung einer wahrhaft staunenswürdigen Kenntnis ausgeforscht.»

«So müssen wir Berlioz als den wahren Heiland unserer absoluten Musikwelt feiern; denn er hat es den Musikern möglich gemacht, den allerunkünstlerischsten und nichtigsten Inhalt des Musikmachens durch unerhört mannigfaltige Verwendung bloßer mechanischer Mittel zur verwunderlichsten Wirkung zu bringen.» Unter «absoluter Musik» versteht Wagner, im Gegensatz zum späteren, seit Eduard Hanslick fixierten Gebrauch des Terminus, alle Musik, die, losgelöst von ihren ursprünglichen Wurzeln Sprache oder Tanz, keine Daseinsberechtigung hat (und deren technische Merkmale, die

Karikatur auf Richard Wagner von Gill, 1869

symphonische Durchführung, nur als ein in das «Musikdrama» einzubringendes Erbe ihre geschichtliche Legitimation erhalten). Die Programmmusik ist für Wagner eine Sonderform der «absoluten Musik», da das Programm nur ein Akzidens, einen Kommentar darstelle, aber keine existenzielle Rechtfertigung der Instrumentalmusik abgebe. Ist «die Geschichte der Instrumentalmusik» – spätestens seit Beethoven – für Wagner «die Geschichte eines künstlerischen Irrtums»[357], so erst recht die Programmmusik nach der Art Berlioz' (Wagner scheint sich allerdings auf die *Symphonie fantastique* zu kaprizieren), an der obendrein der «allerkünstlerischste Inhalt», oder, um den Ausdruck Robert Schumanns zu gebrauchen, an dessen ästhetisch motivierte Kritik Wagner anschließt, das Fehlen des «Poetischen» zu beklagen sei.

Der Hang zum «Mechanischen» verbindet Berlioz – nach Wagner – mit Meyerbeer und dessen berechnender Kultivation des leeren Effekts; Berlioz wird somit zum «tragischen Opfer einer Richtung, deren Erfolge von einer anderen Seite her mit der allerschmerzlosesten Unverschämtheit und dem gleichgültigsten Behagen von der Welt ausgebeutet wurden»[358]. Die Geschichte ist, jedenfalls in Wagners dialektischem System, über Berlioz hinweggeschritten. «Das macht ihn – außer zum warnenden Beispiele – um so mehr zu einer tief bedauernswürdigen Erscheinung, als er noch heute von wahrhaft künstlerischem Sehnen verzehrt wird, wo er doch bereits rettungslos unter dem Wuste seiner Maschinen begraben liegt.»

NOCH EINMAL: ESTELLE

Die Einlösung, das Heimholen eines Jugendtraumes, künstlerisch in den beiden späten Opern geleistet, versucht Berlioz auch im Leben: in der Begegnung mit Estelle Fornier. *Selten habe ich so sehr an Langeweile gelitten wie in den ersten Septembertagen des vergangenen Jahres, 1864 . . . Da fühlte ich mich von dem lebhaften Verlangen ergriffen, Vienne wiederzusehen, Grenoble und vor allem Meylan und meine Nichten und . . . noch jemand, wenn ich die Adresse ausfindig machen könnte. Ich reiste ab.*[359] Die Langeweile allein wird es kaum gewesen sein. Die zahllosen Beteuerungen in den Briefen, die Berlioz dann an Madame Fornier schreibt, er habe sie sein Leben lang nicht vergessen, sind sicherlich jenseits eines bloßen amourösen Topos anzusiedeln. (*Ich hatte Harriet weder aus meiner Idylle von Meylan noch aus der Lebhaftigkeit der Erinnerung, die ich daran bewahrte, ein Geheimnis gemacht.*[360]) Die poetische Dichte jener Passagen der *Mémoires*, die von dieser Wiederbegegnung mit der Liebe der frühen Jugend handeln, verrät den Grad der Intensität des Empfindens. Und die gesteigerte Sensibilität der Chateaubriandschen «vague des passions» – sie gibt das nötige Komplement – gehört zu den Konstanten von Berlioz' psychischem Charakter: *Ich empfinde,* heißt es noch gegen Schluß der *Mémoires, ein unbestimmtes Gefühl poetischer Liebe, wenn ich an einer schönen Rose rieche.*[361] Bedenken Sie, schreibt Berlioz im ersten Brief an Madame Fornier, nach der Begegnung im Herbst 1864, *daß ich Sie seit neunundvierzig Jahren liebe, daß ich Sie seit meiner Kindheit immer geliebt habe, trotz der Stürme, die mein Leben verwüsteten. Der Beweis dafür ist das tiefe Gefühl, das ich heute empfinde;*

Estelle Fornier. Fotografie, um 1864

wenn es auch nur einen einzigen Tag wirklich ausgesetzt hätte, so wäre es unter den gegenwärtigen Umständen nicht wieder lebendig geworden ... Halten Sie mich nicht für einen bizarren Menschen, der das Spielzeug seiner Einbildungskraft ist. Nein, ich bin mit einer sehr lebhaften Empfindung begabt, die sich, Sie können es mir glauben, mit großer geistiger Klarheit verbindet.[362]

Die Begegnung beginnt, gefährlich genug, im Zeichen heftigster Imagination, mit dem herrischen Wunsch, die Zeit unvergangen zu machen, die Realität zu ersetzen. *Madame Fornier kam mir entgegen ... Ich erkannte ihren Gang und ihre göttergleiche Haltung ... Gott! wie schien sie mir im Gesicht verändert! Ihr Teint ist etwas braun geworden, ihre Haare ergrauen.* Madame Fornier ist bald siebzig Jahre alt, und die Szene erinnert unwillkürlich an das letzte Kapitel von Flauberts «Éducation sentimentale». *Und doch war mein Herz bei ihrem Anblick auch nicht einen Augenblick unentschlossen, und meine ganze Seele flog ihrem Idol entgegen, gerade als ob sie noch in ihrer Schönheit geleuchtet hätte ... Ich betrachtete sie mit gierigen Augen, und meine Einbildungskraft stellte ihre entschwundene Schönheit und Jugend wieder her; endlich sagte ich zu ihr: «Geben Sie mir Ihre Hand, Madame.» Sie reichte sie mir sogleich, ich führte sie an meine Lippen und glaubte zu fühlen, wie mein Herz zerfloß und mein Gebein erschauerte ...*[363]

Und doch wird dieser jähe Sturm besänftigt, die imaginierte Leidenschaft wandelt sich in echte, in erwiderte Zuneigung, die Schwärmerei in das sichere Bewußtsein von Trost. Vierzig Briefe Berlioz' (mit den in den *Mémoires* zitierten), von 1864 bis 1868, sind erhalten, doch nur drei Briefe von Madame Fornier, als Einschluß in die *Mémoires*; die übrigen hatte Berlioz, dem Wunsch der Freundin gehorsam, verbrannt. Versucht man, den Verlauf des Briefwechsels zu rekonstruieren, so wird man bewundern müssen, wie es Madame Fornier – mit einer Geduld, die nur die Liebe hervorbringt – gelungen ist, die aus gestauter Erinnerung und Imagination gewaltsam ausbrechende falsche Jugendliebe in die Dimensionen einer realen menschlichen Beziehung überzuführen, und so Berlioz' tiefe Resignation in Geborgenheit zu retten, sie – im höheren Sinn – aufzuheben. Die unwirkliche Geliebte wird dem alten Mann zur vertrauten Freundin. *Die Vergangenheit ist nicht ganz vergangen. Mein Himmel ist nicht mehr leer. Gerührten Auges betrachte ich meinen Stern, der mir aus der Ferne süß zuzulächeln scheint ... Stella! Stella! Jetzt könnte ich sterben ohne Bitterkeit und ohne Zorn.*[364] Das sind die letzten Worte der *Mémoires*, geschrieben zu Beginn des Jahres 1865.

EIN LANGSAMES ENDE

Die Chronik von Berlioz' letztem Lebensjahrzehnt ist die von Mißerfolg und Isolation, von Resignation und quälender Krankheit. Was sich mit der Wende von 1846 und 1848 abgezeichnet hatte, und von Berlioz in klarer Selbstreflexion erkannt war, änderte sich nicht mehr. Berlioz' Leben, anders als etwa das von Liszt und Wagner, neigt sich schon vor dem 50. Jahr an seinem Ende zu, in grausam langsamer Stetigkeit über anderthalb Jahrzehnte hinweg.

Die Konzertreisen, die Berlioz noch unternimmt – weniger zahlreich als früher, und nach wie vor fast nur außerhalb Frankreichs –, bilden mit ihren zumeist triumphartigen Erfolgen die leuchtende Folie für die Pariser Misere: auch hier immer dieselbe Konstellation seit 1846. In Baden-Baden etwa dirigiert Berlioz von 1853 an sehr oft, manchmal in jährlichem Turnus, auf Einladung des generösen und musikliebenden Spielpächters Bénazet, des *Königs von Baden*[365]; in Strasbourg, bei einem Musikfest (1863), hat *L'Enfance du Christ, vor einer wahren Volksmenge ausgeführt, eine ungeheure Wirkung erzielt. Man hat geweint, Beifall gespendet, mehrere Stücke wurden spontan unterbrochen.*[366] Im selben Jahr 1863 reist Berlioz ein letztes Mal nach Weimar, um die beiden ersten dortigen Vorstellungen von *Béatrice et Bénédict* zu dirigieren (in einer deutschen Übersetzung von Richard Pohl, dem nachmaligen ersten deutschen Berlioz-Biographen). *Der Großherzog, die Großherzogin und die Königin von Preußen haben mich mit Komplimenten überhäuft.*[367]

Von Weimar reiste Berlioz weiter in das schlesische Löwenberg, wo Fürst Konstantin von Hohenlohe-Hechingen residierte, den Berlioz 1842 kennengelernt hatte. *Er teilte mir mit, sein Orchester kenne mein ganzes symphonisches Repertoire, und bat mich, ihm ein Instrumentalprogramm ausschließlich aus meinen Kompositionen zu machen.*[368] *Und wie diese Kerle spielen! Stellen Sie sich vor, bei der ersten Probe haben sie das Finale von Harold ohne jeden Fehler ausgeführt und das Adagio aus Roméo et Juliette ohne irgend einen Akzent zu verfehlen!*[369]

In Wien dirigierte Berlioz 1866 *La Damnation de Faust. Es waren dreitausend Zuhörer in dem ungeheuren Redoutensaal versammelt, vierhundert Ausführende. Der Enthusiasmus überstieg alles, was ich jemals in dieser Art kennengelernt habe. Am andern Tag war mein Zimmer voll von Blumen, Kränzen, Besuchern und Leuten, die mich umarmten . . . Ich war jedoch ziemlich krank, aber ich hatte einen unvergleichlichen Kapellmeister, der manche Proben dirigierte, wenn ich nicht mehr konnte.*[370] *Und wie das alles gut vorbereitet war durch Direktor Herbeck von der Gesellschaft für Musikfreunde, einem Orchesterchef ersten Ranges, der sich für mich in vier, sechzehn, zweiunddreißig Stücke gerissen hat und der als erster die Idee hatte, das ganze Werk aufzuführen.* Joseph Hellmesberger *hat in höchst poetischer Weise das kleine Bratschensolo in der Ballade vom König von Thule gespielt.*[371]

Man will mich bestimmen, bemerkt Berlioz schon 1864, *nach St. Petersburg zu gehen. Aber ich werde mich dazu nur entschließen, wenn die mir von den Russen gebotene Summe es wert ist, daß ich noch einmal ihrem schrecklichen Klima Trotz biete. Ich würde es nur für Louis tun.*[372] Im Winter 1867/68 dirigierte Berlioz in St. Petersburg eine Reihe von Konzerten: neben eigenen Kompositionen vor allem Werke von Beethoven und Gluck; dazwischen wurde wieder ein Abstecher nach Moskau unternommen, mit zwei kolossalen Konzerten. Berlioz lernt Milij A. Balakirew und Cesar A. Cui kennen, die zu der «Gruppe der Fünf», der fortschrittlichen, betont russischnational orientierten Komponisten – in Opposition zum prowestlichen Tschaikowsky – gehören; mit dem Kritiker und Theoretiker Wladimir W. Stassow, dem Haupt der Gruppe (von ihm stammt übrigens die bekannte Bezeichnung «Das mächtige Häuflein»), hat sich Berlioz, dem Ton der Briefe

Berlioz in Dirigier-Pose. Fotografie, um 1867

nach zu schließen, eng befreundet. Die gesundheitlichen Strapazen dieser Reise sind hart für den an Neuralgie Leidenden. *Meine Schmerzen sind so anhaltend, daß ich gar nicht weiß, was daraus werden soll. Ich möchte jetzt nicht sterben, ich habe ja etwas zum Leben.*[373]

Eine Reihe weiterer Angebote will und kann Berlioz nicht mehr akzeptieren; Engagements für Amerika etwa, zuerst 1861 angetragen, dann wieder 1867: *Ich bin vor wenigen Tagen sehr dringend von Amerika ersucht worden, nach New York zu gehen, wo ich, wie man behauptet, sehr populär sei.*

Der russische Musikkritiker Wladimir W. Stassow. Fotografie

Man hat dort im letzten Jahr fünfmal unsere Symphonie «Harold en Italie» mit steigendem Erfolg und Beifallsspenden nach Wiener Art aufgeführt.[374] *Der reiche Amerikaner, ein Klavierfabrikant*[375] – wahrscheinlich Henry E. Steinway – kam erneut, *als er hörte, ich hätte den Vorschlag der Russen angenommen*[376], *und bot für sechs Monate in New York 100000 Francs. In der Hoffnung, von mir eine zustimmende Antwort zu erhalten, läßt er einstweilen meine Büste in Bronze ausführen.*[377]

Für Berlioz gibt dies freilich keinen Grund mehr zu einem Optimismus, der die bittere Realität der Existenz aufheben könnte – *jetzt, wo ich nicht mehr kann,* schreibt er im Oktober 1867 an Madame Fornier, *kommt alles an mich heran*[378] –, doch es verschafft ihm die Genugtuung, daß das Novum seiner Musik allmählich breitere Anerkennung findet. *Entschieden würde meine musikalische Karriere schließlich ganz bezaubernd werden, wenn ich nur hundertvierzig Jahre lebte.*[379] Gelegentlich werden sogar in Paris Kompositionen von Berlioz aufgeführt, mit großem Erfolg; immerhin ernennt man ihn 1864 zum Offizier der Legion d'honneur: *Es regnet Glückwünsche, weil man weiß,* meint Berlioz nicht ohne Koketterie, *daß ich niemals Derartiges verlangt habe. Aber es ist ein wahres Wunder, daß man an einen Sonderling gedacht, der nichts haben wollte.*[380] Doch läßt sich Berlioz nicht darüber hinwegtäuschen, daß ihn das offizielle Paris – das Schicksal seines Meisterwerks, der *Troyens*, hat es gelehrt – nach wie vor im Grunde ablehnt.

Mehrfach beschäftigt sich Berlioz in seinen letzten Jahren mit Werken des seit der Jugendzeit heißverehrten Gluck (wohl freilich auch, um an der Oper, der *Troyens* wegen, seinen Namen im Gespräch zu halten); für Opéra und

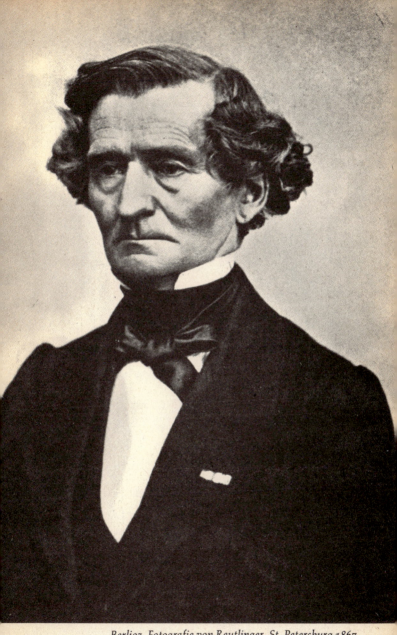

Berlioz. Fotografie von Reutlinger, St. Petersburg 1867

Der Sohn: Louis Berlioz. Lithographie, um 1864

Théâtre-Lyrique bereitet er «Orphée» vor (1859), «Alceste» (1861 und 1866) und «Armide» (1866). *Die Proben zu «Alceste» hatten mich wieder etwas in Gang gebracht. Niemals ist mir das Meisterwerk so großartig schön erschienen, und zweifellos ist Gluck niemals so würdig aufgeführt worden. Eine ganze Generation von Menschen hört dieses Wunderwerk zum erstenmal und kniet in liebevoller Anbetung vor der Offenbarung des Meisters . . . Ingres ist nicht der einzige unserer Kollegen am Institut, die regelmäßig die Aufführungen von «Alceste» besuchen; die meisten Maler und Bildhauer haben das Empfinden für das Antike, für das Schöne, das durch den Schmerz nicht entstellt wird.*[381]

Wie es bei manchen Komponisten für den letzten Lebensabschnitt charakteristisch ist, sammelt und ordnet Berlioz Teile seines Œuvres. Er stellt zwei weitere Bände mit Feuilletons zusammen (*Les Grotesques de la musique,*

1859; À travers chants, 1862) und publiziert 1863 einen Sammelband von Liedern und Chormusik: 32 (ab der zweiten Auflage: 33) Mélodies. Ab 1864 läßt er unter sorgsamer Überwachung die Mémoires drucken. Das Buch soll nach seinem Tod publiziert werden (es erschien dann erstmals 1870); jedoch, nicht ganz ohne Eitelkeit, kann Berlioz es nicht lassen, Vorausexemplare Freunden und Verwandten zur Lektüre zu überreichen, auch werden einige Kapitel in Pariser Journalen veröffentlicht.

Meine Karriere ist zu Ende, «Othello's occupation's gone». Ich komponiere nichts mehr, ich dirigiere keine Konzerte mehr, ich schreibe weder Verse noch Prosa mehr, ich habe meine Stellung als Kritiker aufgegeben; alle musikalischen Arbeiten, die ich begonnen hatte, sind beendigt. Ich will nichts mehr tun, ich tue nichts außer lesen, meditieren, mit einer tödlichen Langeweile kämpfen und an einer unheilbaren Neuralgie leiden, die mich Tag und Nacht peinigt.[382] So charakterisiert Berlioz im Nachwort der Mémoires, 1864/65 geschrieben, seine letzten Lebensjahre.

Auch die menschliche Isolation wird immer spürbarer. 1860 stirbt die zweite Schwester Adèle; bald darauf (1862) Marie Recio. Die schreckliche Vereinsamung, in die ich durch diese plötzliche, gewaltsame Trennung geraten bin, läßt sich nicht beschreiben.[383] Maries Mutter, die er nie zu verlassen versprochen hatte, ist Berlioz in den letzten Jahren eine treue Gesellschafterin, sie ist in aufmerksamster Weise um mich besorgt und fragt mich niemals nach den Ursachen meiner Anfälle von trüber Stimmung[384]. Paris ist für mich ein Friedhof.[385] Was soll aus uns werden?[386], schreibt Berlioz 1865 an den alten Freund Humbert Ferrand. Drei Jahre später ist auch Ferrand tot.

1867 stirbt Louis Berlioz dreiunddreißigjährig am Gelbfieber, in Havanna, als Kapitän eines Schiffes, das zum Konvoi von Napoleons III. mexikanischer Expedition gehörte. Louis Berlioz scheint nicht ganz der ungeschliffene, lieblose Bursche gewesen zu sein, als den man ihn gern schildert. Wenn er auch, seiner maritimen Laufbahn wegen, von Berlioz' Kompositionen bis 1863 insgesamt nur eine Aufführung des Requiems gehört hatte, als er zwölf Jahre alt war[387], so kennt er doch seinen Shakespeare, korrespondiert mit dem Vater über Béatrice et Bénédict. Nach einigen charakterlichen Krisen war, zu Berlioz' großer Freude, die Beziehung zum Vater wieder enger geworden. Doch hatte schon 1854, beim Tod der Mutter, der Zwanzigjährige an seine Tante Adèle geschrieben: «Der Faden meines Lebens ist bloß die Verlängerung des Lebensfadens meines Vaters.»[388]

Schließlich erfährt, nach über zwei Jahrzehnten, die Freundschaft mit Franz Liszt deutliche Trübungen. Berlioz' Abneigung gegen die Musik Wagners, die er schon bei seinen Weimarer Gastspielen unverhohlen zeigte, ist der Angelpunkt der Entfremdung zu Liszt, zumal sich der von Berlioz' Sottisen über «Zukunftsmusik» auch selbst getroffen fühlen mußte. Vergeblich sucht man in Berlioz' Briefen an Liszt ein Echo auf Liszts großen Aufsatz über Harold en Italie von 1855, der – obgleich Liszt hier auf eine Apologie eigener musikalischer Ideen abzielt – nach den Weimarer Konzerten eine weitere Freundschaftstat für Berlioz war; 1866 erblickte Berlioz in Liszts «Graner Messe», die er in Saint-Eustache hörte, eine Verneinung der Kunst[389].

Immer wieder in den Briefen der letzten zehn Jahre Lamenti über beständige Krankheitsanfälle, über die unerträglichen Schmerzen, die Unfähigkeit, manchmal auch nur zehn Zeilen am Tag zu schreiben. Zur Neuralgie kommen Koliken, eine Rose, *hartnäckige Schmerzen im Hals*[390]. *Sind nun solche Schmerzen*, räsoniert Berlioz 1862 in einem Brief an Ferrand, der gleichfalls unter Neuralgie leidet, *die notwendigen Folgen unsrer Veranlagung? Müssen wir dafür bestraft werden, daß wir in unserm ganzen Leben das Schöne angebetet haben? Wahrscheinlich. Wir haben zu viel aus dem berauschenden Becher getrunken, wir haben zu sehr dem Ideal nachgestrebt.*[391] Vielleicht gehört dieses Bewußtsein zu den *religiösen Gefühlen,* von denen Berlioz in einem anderen Brief spricht; *sie halten mich aufrecht. Wenn ich das nicht hätte, wäre ich sehr zu beklagen . . .*[392]

*Ich beeile mich, alle Fäden, die mich mit der Kunst verknüpfen, zu lösen oder zu zerschneiden, damit ich jederzeit zum Tod sagen kann: «Wann du willst!»*³⁹³ Das steht ebenfalls in dem Brief an Ferrand von 1862. Nach der Rückkehr aus Rußland schreibt Berlioz im März 1868 an Stassow: *Ich weiß nicht, warum ich nicht sterbe. Da es aber so ist, will ich meine geliebte Küste von Nizza wiedersehen, die Felsen von Villefranche und die Sonne von Monaco.*³⁹⁴ Die Reise nach Nizza, *eine sonderbare Sache, eine verrückte Reise*³⁹⁵, dieses Tasten nach den glücklichen Tagen von 1831, ist Berlioz' letzte Reise. Er erleidet zwei Schlaganfälle. *Drei Tage nach meiner Ankunft wollte ich die Felsen durchstreifen, die zum Meer abfallen; aber meine Tollkühnheit wurde grausam bestraft. Ich fiel auf den Felsen kopfüber aufs*

Nizza mit dem Hafen. Fotografie, um 1885

Die letzte Aufnahme (1868)

Gesicht und verlor viel Blut. So lag ich einsam auf der Erde und konnte erst lange Zeit nachher ganz blutüberströmt ins Hotel zurückkehren.[396] *Am nächsten Tag wollte ich, entstellt wie ich war, die Terrasse am Meer wiedersehen, die ich einst so sehr liebte, und stieg den Felsen hinan und setzte mich auf eine Bank; weil ich aber das Meer nicht gut sehen konnte, stand ich auf, um mir einen andern Platz zu suchen. Kaum war ich drei Schritte weit gegangen, als ich vornüber schlug und wieder auf das Gesicht fiel und noch mehr Blut verlor als am Abend zuvor.*[397] Nach längerer Ruhepause fährt der Kranke nach Paris zurück.

Ein knappes Jahr später, am 8. März 1869, ist Hector Berlioz nach qualvoll fortschreitender Schwäche, einer Lähmung zuletzt, gestorben. In feierlich offiziellem Begräbnis – das war man einem Mitglied des Institut de France schuldig – wurde er auf dem Friedhof von Montmartre an der Seite seiner beiden Ehefrauen beerdigt. Das alte Grabmal existiert nicht mehr. Seit einigen Jahren steht dort ein klobiges schwarzes Marmormonument.

ZEITTAFEL

1803	Geboren am 11. Dezember in La Côte Saint-André (Dept. Isère)
1811	Lernt Flöte und Gitarre spielen
1815	Bekanntschaft mit Estelle Dubœuf
1815–1816	Erste Kompositionen (als Autodidakt)
1821	Baccalaureat in Grenoble. Geht nach Paris; zunächst Medizinstudium
1823	Wird Schüler von Jean-François Le Sueur. Erste musikschriftstellerische Arbeiten
1825	*Messe solennelle*
1826	Studium am Conservatoire. Beginnt *Les Francs-Juges*; *La Révolution grecque*
1827	Teilnahme am Rompreis-Wettbewerb (*Orphée*). Harriet Smithson tritt mit einer englischen Schauspieltruppe in Dramen Shakespeares auf. Ouverture *Waverley*
1828	Gibt sein erstes eigenes Konzert. Zweiter Preis beim Rompreis-Wettbewerb (*Herminie*)
1829	Teilnahme am Rompreis-Wettbewerb (*Cléopâtre*). *Huit Scènes de Faust*; *Neuf Mélodies*
1830	Bekanntschaft mit Camille Moke; Beginn der Freundschaft mit Franz Liszt. Erster Preis beim Rompreis-Wettbewerb (*Sardanapale*). *Symphonie fantastique*; Orchestrierung der «Marseillaise»; *Fantaisie sur la Tempête*
1831–1832	Als Stipendiat in der Villa Medici in Rom. Bekanntschaft mit Mendelssohn. Ouverturen *Le Roi Lear* und *Rob Roy*; *Lélio* – Dezember 1832: begegnet Harriet Smithson. Bekanntschaft mit Paganini
1833	Heiratet Harriet Smithson
1834	Sohn Louis geboren. *Harold en Italie*; beginnt *Benvenuto Cellini*
1835	Übernimmt das Musikfeuilleton am «Journal des Débats». Entschluß, seine Kompositionen möglichst selbst zu dirigieren
1837	*Requiem*
1838	Tod von Berlioz' Mutter. Geldgeschenk Paganinis
1839	Erhält eine Stelle an der Bibliothek des Conservatoire. *Roméo et Juliette*
1840	*Symphonie funèbre et triomphale*
1841	Beginn der Liaison mit Marie Recio. Bearbeitet Webers «Freischütz» für die Opéra (hierfür: Instrumentierung der «Aufforderung zum Tanz»). 1841 (oder früher): *Les Nuits d'été*
1842–1843	Konzertreise in Deutschland. Bekanntschaft mit Wagner und Schumann
1843	*Traité d'instrumentation* publiziert
1844	Trennung von seiner Frau. Bekanntschaft mit Glinka. Ouverture *Le Carnaval romain*
1845–1846	Konzertreise nach Wien, Prag, Budapest. *La Damnation de Faust*
1847	Dirigiert in St. Petersbrug, Moskau, Berlin
1847–1848	Dirigiert in London
1848	Beginnt *Mémoires*. Tod von Berlioz' Vater
1849	*Te deum*
1850	Gründet in Paris die Société Philharmonique. *La Fuite en Égypt*

1851	Als Juror auf der Londoner Weltausstellung
1852	Liszt veranstaltet Berlioz-Konzerte in Weimar. *Les Soirées de l'orchestre* publiziert
1853	Dirigiert in London und in mehreren deutschen Städten
1854	März: Tod seiner Frau Harriet – Oktober: Berlioz heiratet Marie Recio. Tournee in Deutschland. *Mémoires* vorläufig abgeschlossen – *L'Enfance du Christ; L'Impériale*
1855	Dirigiert in Weimar und London
1856	Dirigiert in Weimar. Zunehmende neuralgische Leiden. Wird Mitglied des Institut de France. Beginnt *Les Troyens*
1859	*Les Grotesques de la musique* publiziert – 1859, 1861, 1866: Einrichtung von Opern Glucks für die Opéra
1860	Beginnt *Béatrice et Bénédict*
1862	Tod seiner zweiten Frau Marie. *À travers chants* publiziert
1863	Dirigiert in Weimar und anderen deutschen Städten
1864	Begegnet Estelle wieder
1865	Läßt die *Mémoires* drucken (publiziert als ganzes 1870)
1866	Dirigiert in Wien
1867	Tod des Sohnes Louis. Vernichtet alle aufbewahrten persönlichen Dokumente (Briefe, Pressenotizen, Fotografien usw.)
1867–1868	Dirigiert in St. Petersburg
1869	Gestorben am 8. März in Paris

ZEUGNISSE

ADOLPHE ADAM (1803–56)

(Nach dem Besuch von Berlioz' *Requiem*:) . . . diese Musik, die, zusätzlich zu einem beträchtlichen Orchester normaler Zusammensetzung, noch zwanzig Posaunen, zehn Trompeten und vierzehn Pauken heranzog. Eh bien!, all das hatte nicht die geringste Wirkung. Und trotzdem, lesen Sie die Zeitungen, mit wenigen Ausnahmen preisen sie die Messe als ein Meisterwerk. Das kommt, weil Berlioz selbst Journalist ist; er schreibt im «Journal des Débats», der einflußreichsten Zeitung, und alle Journalisten unterstützen sich gegenseitig. Man muß sagen, so verabscheuungswürdig er als Musiker ist, so elegant schreibt er zum Ausgleich.

1837[398]

WOLFGANG ROBERT GRIEPENKERL (1810–68)

Wir scheuen uns nicht, es auszusprechen, da es unsere innigste Überzeugung ist, daß Berlioz in einem organischen Contacte zu Beethoven steht, daß kein deutscher Instrumentalcomponist, er heiße wie er wolle, dem Franzosen diesen Platz in der Entwicklung der Kunstgeschichte streitig macht. Auf Beethoven folgt, wenn es sich um den eigentlich organischen Punkt der Entwickelung handelt, Niemand, als Berlioz. Er steht dem Unsterblichen am Nächsten, er ist sein Bruder in des Wortes edelster Bedeutung . . . Dasjenige Element aber, was beide, Beethoven und Berlioz, organisch verbindet, ist das humoristische Element. Berlioz ist Humorist! Auf einer hohen Stufe der Entwickelung ist er dieses. Hier ist er nicht Franzose – denn diese Nation hat es nicht bis zur Darstellung dieses Moments bringen können – dazu fehlt ihr der Ernst und die Tiefe – sie hat nur das Komische schaffen können . . . Er erfährt das Schicksal aller Humoristen. Die kühnsten Sprünge nach den Polen seiner Gegensätze werden ihm als Effekthascherei angerechnet, taucht eine Melodie auf, deren ruhigen Spiegel er perturbiert, indem er, so zu sagen, einen Felsblock hineinwirft, so daß der hinüber sprudelnde Schaum den feinnasigen Kritiker zum Niesen bringt, so heißt es, er störe die Einheit des Kunstwerks.

1843[399]

HANS VON BÜLOW (1830–94)

Genie ist aber Berlioz nicht abzusprechen; der zwingende, innere Schaffensdrang, die Originalität und die Neuheit, die Energie und Potenz, die freie, so unabhängig entwickelte Selbständigkeit des Stiles, denen wir in seinen Werken begegnen, drücken diesen den Stempel des Genies auf. – Berlioz besitzt den vollgültigsten Anspruch auf das Ehrenbürgerrecht in der deutschen Kunst, wie nur wenige Stammesgenossen es in der Gegenwart beanspruchen dürfen. Berlioz ist durch und durch deutsch, wenn man mit diesem Prädikat den Begriff des Sittlich-Ernsten, Künstlerisch-Religiösen verbindet.

1852[400]

PETER CORNELIUS (1824–74)

Das deutsche Publikum sieht in Berlioz einen von deutschem Geiste geweih-
ten, unter Beethovens Fittichen erstarkten Künstler . . . Aber vor allem
schätzt man in ihm den Helden, der aus Liebe zur Kunst in seiner Heimat
Mißgunst, Haß und Spott willig erträgt, der nie eine Note schrieb, die nicht
seinem hohen, ihm stets vorschwebenden Ideal entsprach, der niemals der
Mode Zugeständnisse machte noch um die Gunst des Publikums buhlte, der
nie sich zu ihm aus eitler Selbstsucht herabließ, sondern stolz auf seiner
steilen Höhe wartet, bis die Menge zu ihm hinansteigt.

1855[401]

THÉOPHILE GAUTIER (1811–72)

Es gibt niemand, der der Kunst eine so unbedingte Hingabe entgegengebracht
und ihr sein Leben so vollständig geweiht hat. In jenen Zeiten der Unsicher-
heit, der allgemeinen Skepsis, der unaufhörlichen Zugeständnisse, der
Selbstpreisgabe, der Jagd nach Erfolg mit den entgegengesetzten Mitteln
hörte Berlioz auch nicht einen Augenblick auf den niederträchtigen Versu-
cher, der in üblen Stunden sich über den Sessel des Künstlers neigt und ihm
kluge Ratschläge ins Ohr flüstert.

1870[402]

FERDINAND HILLER (1811–85)

Ich glaube nicht, daß man Berlioz hätte begegnen können, ohne überrascht zu
werden durch den ureigenen Ausdruck seiner Gesichtszüge. Seine hohe
Stirn, scharf abgeschnitten über den tief liegenden Augen, die auffallend
stark gebogene Habichtsnase, die schmalen, feingeschnittenen Lippen, das
etwas kurze Kinn, alles dies gekrönt von einer außerordentlichen Fülle
hellbraun gefärbter Locken, die ihr phantastisches Wachstum nicht einmal
durch das ordnende Eisen des Haarkünstlers einbüßten – man konnte diesen
Kopf nicht vergessen, wenn man ihn einmal gesehen hatte. – Er gehörte zu
den Menschen, denen es ein Bedürfnis ist, vor sich selber immer interessant
zu erscheinen. – Als Dirigent, namentlich der eigenen Schöpfungen, war
Berlioz von eminenter Befähigung. Schon seine Persönlichkeit gewann ihm
die Teilnahme der Ausübenden, sie steigerte sich durch das Feuer, durch die
Umsicht, die er entwickelte, durch die gänzliche Hingabe an die Sache mit
Leib und Seele. – Hector Berlioz gehört nicht in unser musikalisches Sonnen-
system – er gehört nicht zu den Planeten, weder zu den großen noch zu den
kleinen. Ein Komet war er, – weithin leuchtend, etwas unheimlich anzuschauen, bald wieder verschwindend; – seine Erscheinung wird aber unver-
gessen bleiben. Daß ein ähnlicher am musikalischen Firmament sich wieder
zeigen werde, ist weder zu hoffen noch zu fürchten und schwerlich zu
erwarten.

1880[403]

ERNEST LEGOUVÉ (1807–1903)

Alles an Berlioz war originell. Eine außerordentliche Mischung aus Enthusiasmus und Spottlust; ein Geist, dessen Reaktionen man nicht vorhersagen konnte; eine Konversation, bei der man wegen ihrer raschen Wendungen stets auf der Hut sein mußte; langes brütendes Schweigen, mit gesenkten Augen und einem Blick, der in unvorstellbare Tiefen gesunken schien – dann eine plötzliche Wiederbelebung, ein Strom brillanter, amüsanter und treffender Bemerkungen, Ausbrüche homerischen Gelächters und eine kindliche Freude.

1888[404]

CHARLES HALLÉ (1819–95)

Er war der perfekteste Dirigent, den ich jemals erlebt habe; er verfügte über das absolute Kommando über seine Leute, er spielte mit ihnen wie ein Pianist auf der Klaviatur.

1896[405]

CAMILLE SAINT-SAËNS (1835–1921)

Mit all seinen Bizarrerien ist er wundervoll. Er ist es, dem meine ganze Generation ihre Formung verdankt, und ich wage zu sagen, sie ist gut geformt worden. Er verfügte über jene unschätzbare Gabe, die Einbildungskraft zu entflammen, die Kunst zu lieben, die er lehrte. – Jenseits meiner vollständigen Bewunderung empfand ich für ihn eine lebhafte Zuneigung auf Grund des Wohlwollens, das er mir entgegenbrachte, und auch der menschlichen Qualitäten, die ich an ihm entdeckte und die so gänzlich im Gegensatz zu seiner allgemeinen Einschätzung standen, für die er ein hochmütiger, gehässiger und schlechter Mensch war.

1900[406]

ANMERKUNGEN

In den Anmerkungen werden folgende, hier alphabetisch geordnete, Kurztitel verwendet:

BNE	Hector Berlioz: «New Edition of the Complete Works». Kassel 1969 f
Briefe an Liszt	«Briefe hervorragender Zeitgenossen an Franz Liszt.» Hg. von La Mara. Leipzig 1895
Briefe Wittgenstein	«Briefe von Hector Berlioz an die Fürstin Carolyne von Sayn-Wittgenstein». Hg. von La Mara. Leipzig 1903
Corr. gén.	Hector Berlioz; «Correspondance générale». Hg. von P. Citron. Paris 1972 f
Corr. in.	Hector Berlioz: «Correspondance inédite». Hg. von D. Bernard. Paris 1879
Grotesques	Hector Berlioz: «Les Grotesques de la musique». Hg. von L. Guichard. Paris 1969
Lett. int.	Hector Berlioz: «Lettres intimes». Paris 1882
Lit. Werke	Hector Berlioz: «Literarische Werke». 10 Bde. Leipzig 1903
Mém.	Hector Berlioz: «Mémoires». Hg. von P. Citron. 2 Bde. Paris 1969
Mil. ch.	Hector Berlioz: «Au Milieu de chemin (1852–1855)». Hg. von J. Tiersot. Paris 1930
Mus. err.	Hector Berlioz: «Le Musicien errant (1842–1852)». Hg. von J. Tiersot. Paris 1919
Soirées	Hector Berlioz: «Les Soirées de l'orchestre». Hg. von L. Guichard. Paris 1968
Wagner–Liszt	«Briefwechsel zwischen Wagner und Liszt». Leipzig 1910

Für Zitate ohne eigene Anmerkungsziffer gilt in der Regel noch der mit der vorangehenden Anmerkungsziffer angegebene Fundort. – Die Schriften und Briefe von Berlioz zitiere ich nach den zur Zeit besten erhältlichen Editionen: die *Mémoires* nach der Ausgabe bei Garnier Flammarion 1969; die drei Bände Feuilletons nach der neuen Edition in den *Œuvres littéraires*; die Briefe bis 1842 nach den bis jetzt vorliegenden beiden Bänden der *Correspondance générale*; die Briefe nach 1842 nach den diversen älteren Einzelausgaben. Wo mir eine bereits vorhandene deutsche Übersetzung (meist in der zehnbändigen Ausgabe der *Literarischen Werke*) brauchbar erschien, habe ich sie übernommen, ohne dies besonders zu vermerken.

1 Mém. I, S. 43	10 Ebd., S. 52
2 Ebd., S. 41	11 Ebd., S. 53 f
3 Ebd., S. 47	12 Ebd., S. 54
4 Ebd., S. 53	13 Ebd., S. 56
5 Ebd., S. 44	14 Ebd., S. 52
6 Ebd., S. 45	15 Ebd., S. 55
7 Ebd., S. 46	16 Ebd., S. 56
8 Ebd., S. 48	17 Ebd., S. 62 f
9 Ebd., S. 51	18 Ebd., S. 64

19 Ebd., S. 91
20 Ebd., S. 105
21 Ebd., S. 109
22 Ebd., S. 142
23 Ebd., S. 165 f
24 Ebd., S. 103
25 Ebd., S. 115
26 Ebd., S. 116
27 Ebd., S. 117
28 W. Mönch: «Frankreichs Kultur». Berlin–New York 1972. S. 425
29 Mém. I, S. 137
30 Ebd., S. 140
31 Ebd., S. 139
32 Ebd., S. 68
33 Ebd., S. 65 f
34 Vgl. *Les Musiciens et la musique.* Paris 1903. S. 68 f
35 Mém. I, S. 88
36 Ebd., S. 98
37 Ebd., S. 146
38 Ebd., S. 98
39 Ebd., S. 97
40 Ebd., S. 98
41 Ebd., S. 184
42 Ebd., S. 76
43 Ebd., S. 70
44 Ebd., S. 71 f
45 Ebd., S. 76
46 Ebd., S. 88
47 Ebd., S. 89
48 Ebd., S. 128
49 Ebd., S. 129
50 Ebd., S. 135
51 Corr. gén. I, S. 387
52 Mém. I, S. 187
53 «Revue musicale» IIe série, 4e année, Bd. 10, Paris 1830, S. 151
54 Vgl. Mém. I, S. 164 f
55 Ebd., S. 125
56 Ebd., S. 167
57 Corr. gén. I, S. 247
58 Zit. n. BNE Bd. 5, S. XIV
59 Corr. gén. I, S. 232
60 Mém. I, S. 168
61 Ebd., S. 164
62 Programmfassung von 1845

63 Ebd.
64 In einer besonderen Anmerkung zum Programm, geschrieben 1836 (zit. n. BNE Bd. 16, S. 170)
65 Franz Liszt: «Gesammelte Schriften» Bd. IV. Leipzig 1882. S. 114
66 Ebd., S. 58
67 Liszt, a. a. O., Bd. V, S. 204
68 Robert Schumann: «Symphonie von Berlioz (1835)». In: «Gesammelte Schriften über Musik und Musiker». Hg. von Martin Kreisig. Leipzig 1914. Bd. I, S. 69 f
69 Mém. I, S. 189
70 Ebd., S. 195
71 Ebd., S. 221
72 Ebd., S. 241
73 Ebd., S. 221
74 Ebd., S. 242
75 Ebd., S. 241
76 Ebd., S. 243
77 Ebd., S. 244
78 Ebd., S. 195
79 Ebd., S. 197
80 Ebd., S. 272
81 Corr. gén. I, S. 441
82 Ebd., S. 486
83 Felix Mendelssohn Bartholdy: «Briefe einer Reise». Zürich 1958. S. 124
84 «Briefe von Felix Mendelssohn Bartholdy an Ignaz und Charlotte Moscheles». Leipzig 1888. S. 85
85 Mém. I, S. 203
86 Ebd., S. 204
87 Ebd., S. 205
88 Ebd., S. 207
89 Ebd., S. 208
90 Ebd., S. 209
91 Ebd., S. 230
92 Ebd., S. 269
93 Ebd., S. 232
94 Ebd., S. 234
95 Ebd., S. 232
96 Ebd., S. 234

97 Ebd., S. 260
98 Ebd., S. 277
99 Ebd., S. 248
100 Ebd., S. 250
101 Ebd., S. 259
102 Ebd., S. 281
103 Corr. gén. II, S. 18
104 Mém. I, S. 286
105 Corr. gén. II, S. 60
106 Ebd., S. 40
107 Mém. I, S. 290
108 Corr. gén. II, S. 143
109 Mém. I, S. 296 f
110 Corr. gén. II, S. 490
111 Ebd., S. 488
112 Ebd., S. 489
113 Ebd., S. 494
114 «The Autobiography of Charles Hallé with correspondence and diaries». Hg. von M. Kennedy. London 1972. S. 90
115 Mém. II, S. 35
116 Corr. gén. II, S. 598
117 Ebd., S. 282
118 Ebd., S. 329 f
119 Ebd., S. 198
120 Ebd., S. 230
121 Ebd., S. 197
122 Ebd., S. 252 f
123 Ebd.
124 Ebd., S. 231
125 Ebd., S. 281
126 Mém. II, S. 29
127 Ebd., S. 27
128 Corr. gén. II, S. 458
129 Ebd., S. 457
130 Ebd., S. 279
131 Richard Wagner: «Mein Leben». Hg. von Martin Gregor-Dellin. München 1969. Bd. I, S. 202
132 Corr. gén. II, S. 567 f
133 Ebd., S. 239
134 Ebd., S. 181
135 Ebd., S. 337
136 Mém. II, S. 7
137 Ebd.
138 Ebd., S. 10
139 Corr. gén. II, S. 391 f

140 Mém. II, S. 12
141 Corr. gén. II, S. 477
142 Mém. II, S. 39
143 Ebd., S. 23
144 Mém. I, S. 296
145 Corr. gén. II, S. 616
146 Ebd., S. 340
147 Ebd., S. 247
148 Ebd., S. 244
149 Ebd., S. 700
150 Ebd., S. 209
151 Ebd., S. 701
152 Ebd., S. 253
153 Ebd., S. 184
154 Mém. II, S. 25
155 Hans von Bülow: «Ausgewählte Schriften». Leipzig 1911. Bd. I, S. 61 f, 90 f (geschrieben 1852)
156 Mém. II, S. 25
157 Corr. gén. II, S. 457
158 Liszt, a. a. O., Bd. IV, S. 97
159 Zit. n. Corr. gén. II, S. 159
160 Corr. gén. II, S. 164
161 Ebd., S. 196
162 Mém. I, S. 297 f
163 Ebd.
164 Ebd.
165 Mém. II, S. 110
166 Mém. I, S. 297 f
167 Ebd., S. 214
168 Ebd., S. 121
169 Corr. gén. II, S. 198
170 Mém. II, S. 42
171 Zit. n. Heinrich Heine: «Zeitungsberichte über Musik und Malerei». Hg. von M. Mann. Frankfurt a. M. 1964. S. 159 f
172 Corr. in., S. 180
173 Mém. II, S. 329
174 Corr. in., S. 180
175 Mém. II, S. 328
176 Soirées, S. 362 f
177 Corr. gén. II, S. 391
178 Mém. II, S. 39
179 Auch in der späteren Druckausgabe wurden die Streicher- und die Chorpartien als «non obligé» bezeichnet.
180 Corr. in., S. 228

181 Zit. n. BNE Bd. 10, S. XIX
182 Mém. II, S. 329
183 Vorwort der Partiturausgabe
184 Corr. in., S. 180
185 Zit. n. BNE Bd. 10, S. XVIII
186 Ebd., S. XVII
187 Mém. II, S. 50
188 Ebd., S. 61
189 Mus. err., S. 17
190 Mém. II, S. 70
191 Mus. err., S. 16
192 Mém. II, S. 70
193 Ebd., S. 71
194 Ferdinand Hiller: «Künstlerleben». Köln 1880. S. 90
195 Eduard Hanslick: «Aus meinem Leben». Berlin 1894. Bd. I, S. 57
196 Mém. II, S. 81 f
197 Ebd., S. 88
198 Ebd., S. 94
199 Corr. in., S. 133
200 Mém. II, S. 88
201 Ebd., S. 90
202 Corr. in., S. 134
203 Ebd.
204 Mus. err. I, S. 38
205 Mém. II, S. 97
206 Ebd., S. 101 f
207 Ebd., S. 99
208 Ebd., S. 100
209 Mus. err., S. 39
210 Mém. II, S. 113
211 Mus. err., S. 39
212 Ebd., S. 42
213 Mém. II, S. 137
214 Ebd., S. 128
215 Ebd., S. 130 f
216 Ebd., S. 140
217 Ebd., S. 144
218 Ebd., S. 161
219 Ebd., S. 184
220 Ebd., S. 51
221 Ebd., S. 150 f
222 Mus. err., S. 51
223 Mém. II, S. 171
224 Ebd., S. 174
225 Ebd.
226 Mus. err., S. 83
227 Ebd., S. 84

228 Mém. II, S. 181
229 Corr. in., S. 137
230 Michail I. Glinka: «Aufzeichnungen aus meinem Leben». Hg. von H. A. Brockhaus. Wilhelmshaven 1969. S. 197, 200
231 Mus. err., S. 92 f
232 Corr. in., S. 140
233 Mus. err., S. 122 f
234 Ebd., S. 121
235 Corr. in., S. 142
236 Mém. II, S. 205
237 Ebd., S. 215
238 Mus. err., S. 136
239 Hanslick, a. a. O., S. 56 f
240 Mém. II, S. 241
241 Mus. err., S. 129
242 Corr. in., S. 140
243 Ebd., S. 145
244 Mém. II, S. 243
245 Ebd., S. 209
246 Ebd., S. 211
247 Ebd., S. 249
248 Ebd., S. 252
249 Ebd., S. 251
250 Ebd., S. 252
251 Ebd., S. 253
252 Ebd., S. 257
253 Ebd., S. 272
254 Ebd., S. 266
255 Ebd., S. 258
256 Corr. in., S. 163
257 Mém. II, S. 280
258 Ebd., S. 282 f
259 Lett. int., S. 196 f
260 Corr. in., S. 147
261 Ebd., S. 164
262 Ebd., S. 158
263 Ebd., S. 168 f
264 Mém. I, S. 39 f
265 Corr. in., S. 194
266 Mus. err., S. 336
267 Mil. ch., S. 33
268 Corr. in., S. 198
269 Ebd., S. 222
270 Peter Cornelius: «Hector Berlioz in Weimar». In: «Die Musik» 4 (1904/05), S. 168
271 Lett. int., S. 202

272 Mil. ch., S. 129
273 Mém. II, S. 320
274 Lett. int., S. 204
275 Mil. ch., S. 142
276 «Briefwechsel zwischen Franz Liszt und Hans von Bülow». Hg. von La Mara. Leipzig 1898. S. 76
277 Mém. II, S. 321
278 Ebd., S. 286
279 Corr. in., S. 160
280 Ebd., S. 171f
281 Ebd., S. 159
282 Ebd., S. 182f
283 Lett. int., S. 206
284 Briefe an Liszt, Bd. II, S. 58
285 Corr. in., S. 226
286 Mém. II, S. 318f
287 Ebd., S. 312f
288 Ebd., S. 298
289 Ebd., S. 304
290 Ebd., S. 306
291 Corr. in., S. 207
292 Mém. II, S. 312
293 Ebd., S. 311
294 Corr. in., S. 217f
295 Mém. II, S. 246f
296 Lett. int., S. 218
297 Ebd., S. 251
298 Grotesques, S. 186
299 Mil. ch., S. 148
300 Briefe an Liszt, Bd. II, S. 95
301 Mém. II, S. 319
302 Ebd., S. 323
303 Corr. in., S. 211f
304 Grotesques, S. 187
305 Soirées, S. 25
306 Ebd., S. 79
307 Ebd., S. 66
308 Mém. II, S. 19
309 Ebd., S. 312
310 Soirées, S. 15
311 Ebd., S. 392
312 Ebd., S. 68
313 Mém. II, S. 336
314 Briefe Wittgenstein, S. 107f
315 Ebd., S. 26
316 Ebd., S. 27
317 Ebd., S. 37
318 Ebd., S. 62
319 Ebd., S. 94
320 Ebd., S. 99
321 Lett. int., S. 255
322 Mém. II, S. 344
323 Lett. int., S. 258
324 Ebd., S. 299
325 Zit. n. dem Beiheft der Philips-Einspielung von Les Troyens
326 Corr. in., S. 247
327 Lett. int., S. 221
328 Briefe Wittgenstein, S. 164
329 Lett. int., S. 224
330 Ebd.
331 Ebd., S. 228
332 Corr. in., S. 270
333 Ebd., S. 291
334 Lett. int., S. 236
335 Corr. in., S. 291
336 Lett. int., S. 236
337 Mém. II, S. 348
338 Corr. in., S. 107
339 Wagner–Liszt, Bd. II, S. 282
340 Richard Wagner: «Sämtliche Briefe». Bd. I, Leipzig 1967. S. 465f
341 Ebd., S. 577
342 Ebd., S. 107
343 Zit. n. J. Kapp: «Das Dreigestirn». Berlin 1919. S. 62f
344 Wagner–Liszt II, S. 97
345 Wagner–Liszt I, S. 177
346 Wagner–Liszt II, S. 82
347 Zit. n. Kapp, a. a. O., S. 78f
348 Corr. in., S. 277
349 Ebd., S. 278
350 À travers chants. Hg. von L. Guichard. Paris 1971. S. 321f
351 Richard Wagner: «Gesammelte Schriften und Dichtungen». Leipzig 1887f. Bd. VII, S. 82f
352 Ebd., Bd. III, S. 282
353 Ebd., S. 278
354 Ebd., S. 280
355 Ebd., S. 281
356 Ebd., S. 283
357 Ebd., S. 277
358 Ebd., S. 284
359 Mém. II, S. 353f

360 Ebd., S. 311
361 Ebd., S. 312
362 Ebd., S. 363
363 Ebd., S. 357f
364 Ebd., S. 374f
365 Lett. int., S. 229
366 Ebd., S. 251
367 Corr. in., S. 295
368 Mém. II, S. 345
369 Corr. in., S. 297
370 Lett. int., S. 300
371 Corr. in., S. 334
372 Lett. int., S. 273
373 Corr. in., S. 349
374 Lett. int., S. 305
375 Zit. n. Lit. Werke, Bd. V, S. 164
376 Corr. in., S. 341
377 Zit. n. Lit. Werke, Bd. V, S. 164
378 Ebd.
379 Mém. II, S. 350
380 Lett. int., S. 271
381 Ebd., S. 299
382 Mém. II, S. 333
383 Lett. int., S. 234
384 Mém. II, S. 373
385 Briefe Wittgenstein, S. 81
386 Lett. int., S. 285
387 Ebd., S. 256
388 Mil. ch., S. 174
389 Zit. n. Kapp, a. a. O., S. 54
390 Lett. int., S. 272
391 Ebd., S. 238

392 Corr. in., S. 329
393 Lett. int., S. 238
394 Corr. in., S. 350
395 Zit. n. Lit. Werke, Bd. V, S. 170
396 Corr. in., S. 351
397 Zit. n. Lit. Werke, Bd. V, S. 170
398 Zit. n. J.-G. Prod'homme: «Hector Berlioz jugé par Adolphe Adam». In: «Zeitschrift der internationalen Musikgesellschaft» 5 (1903/04), S. 476
399 Wolfgang Robert Griepenkerl: «Ritter Berlioz in Braunschweig». Braunschweig 1843. S. 25f
400 Bülow, a. a. O., S. 67, 91
401 Zit. n. «Die Musik» 4 (1904/05), S. 160f
402 Théophile Gautier: «Histoire du romantisme», zit. nach der Ausgabe Paris 1911. S. 259
403 Hiller, a. a. O., S. 65, 64, 98, 143
404 Ernest Legouvé: «Soixante Ans de souvenirs». Paris 1888, zit. n. «The Memoirs of Hector Berlioz». Hg. von D. Cairns. London 1974. S. 643
405 «The Autobiography of Charles Hallé . . .», a. a. O., S. 86
406 Camille Saint-Saëns: «Portraits et souvenirs». Paris 1900. S. 5, 12

WERKVERZEICHNIS
(Auswahl)

Editionen der musikalischen Werke von Hector Berlioz:
1. Hector Berlioz Werke. Leipzig 1900f (unvollständig)
2. Hector Berlioz: New Edition of the Complete Works. Kassel usw. seit 1967.
Berlioz' literarische Werke sind im Abschnitt «Literaturhinweise» angeführt.

Die folgende Liste enthält nur vollendete und erhaltene größere Kompositionen. Sie ist chronologisch nach Entstehungszeit beziehungsweise Publikationsdatum angelegt, da eine Ordnung nach Gattungen vielfach problematisch wäre. Von den Solo- und Chorliedern werden im allgemeinen nur die von Berlioz in Sammelpublikationen herausgegebenen genannt.

1824–1825	*Messe solennelle* (davon erhalten: *Resurrexit*)
1826	*La révolution grecque, Scène héroïque* (Text: Humbert Ferrand) (Soli, Chor, Orchester)
	Les Francs-Juges, Oper (Text: Humbert Ferrand) (davon vollendet: Ouverture)
1827	*Waverley*, Ouverture
	La mort d'Orphée, Monologue e Bacchanale (Solokantate)
1828	*Herminie, Scène lyrique* (Solokantate)
1828–1829	*Huit scènes de Faust* (Text: Gérard de Nerval nach Goethe) (Soli, Chor, Orchester)
1829	*La mort de Cléopâtre, Scène lyrique* (Solokantate)
	Neuf mélodies imitées de l'anglais, Gesänge mit Klavierbegleitung (Text: Thomas Gounet nach Thomas Moore): *Le coucher de soleil; Hélène; Chant guerrier; La belle voyageuse; Chanson à boire; Chant sacré; L'origine de la harpe; Adieu Bessy; Élégie* (Solo, Duett [Nr. 2], Chor [Nr. 3, 5, 6] und Klavier). Um 1850 unter dem Titel *Irlande* Neuauflage. – *La belle voyageuse, Chant sacré*: orchestriert um 1843
1830	*Fantaisie sur la Tempête* (Text: Berlioz) (Chor und Orchester)
	Épisode de la vie d'un artiste – Symphonie fantastique
1831	*Le roi Lear*, Ouverture
	Rob Roy, Ouverture
	Lélio ou Le retour à la vie, Monodrame lyrique (Text: Berlioz) (Sprecher, Soli, Chor, Klavier, Orchester)
1832	*La captive* (Text: Victor Hugo), Sololied mit Klavier (bearbeitet und orchestriert 1848)
1834	*Harold en Italie, Symphonie avec un alto principal*
1835	*Le cinq mai, Chant sur la mort de l'Empereur Napoléon* (Text: Pierre-Jean de Béranger) (Solo, Chor, Orchester)
1836–1838	*Benvenuto Cellini*, Oper (Text: Léon de Wailly und Auguste Barbier) (Arbeit am Libretto seit 1834)
1837	*Grande messe de morts (Requiem)* (Solo, Chor, Orchester)

1838–1841	*Les nuits d'été*, Lieder mit Klavierbegleitung (Text: Théophile Gautier): *Villanelle; Le spectre de la rose; Sur les lagunes; Absence; Au cimitière; L'île inconnue*. Orchestriert und teilweise bearbeitet *Absence* um 1843, die übrigen Lieder 1856
1839	*Roméo et Juliette, Symphonie dramatique* (Text: Émile Deschamps) (Soli, Chor, Orchester)
	Rêverie et Caprice, Romance für Violine und Orchester
1840	*Grande symphonie funèbre et triomphale* (Text 3. Satz: Antony Deschamps) (Orchester, Chor)
1844	*Le carnaval romain*, Ouverture
1845–1846	*La damnation de Faust, Légende dramatique* (Text: Gérard de Nerval, Almire Gandonnière, Berlioz) (Soli, Chor, Orchester)
1849	*Te deum* (Soli, drei Chöre, Orchester)
1849–1852 publiziert	*Tristia* für Chor und Orchester (1849 die Klavierfassungen [von Nr. 1 und 2] publiziert, 1852 die Orchesterfassungen): *Méditation réligieuse* (Text nach Thomas Moore; komp. 1831); *La mort d'Ophélie* (Text: Ernest Legouvé; komp. als Sololied 1847/48, Fassung für Frauenchor und Orchester 1848); *Marche funèbre pour la dernière scène d'Hamlet* (komp. 1848)
1850	*La fuite en Égypt, Fragments d'un mystère en style ancien* (Text: Berlioz) (Solo, Chor, Orchester). Später als II. Teil in *L'enfance du Christ*
1850 publiziert	*Fleurs des landes*, Gesänge (Nr. 3: Duo, Nr. 5: Chor) mit Klavierbegleitung: *Le matin* (Text: Adolphe de Bouclon); *Petit oiseau* (derselbe Text wie *Le matin*); *Le trébuchet* (Text: Émile Deschamps); *Le jeune pâtre breton* (Text: Auguste Brizeux; komp. um 1832, orchestriert um 1834 und 1835); *Le chant des Bretons* (Text: Auguste Brizeux)
1850 publiziert	*Feuillets d'album*, Gesänge mit Klavierbegleitung: *Zaïde-Boléro* (Text: Roger de Beauvoir; komp., bearbeitet und orchestriert um 1845); *Les champs – Aubade* (Text: Pierre-Jean de Béranger; komp. 1834, bearbeitet 1850); *Les chants des chemins de fer* für Chor (Text: Jules Janin; komp. 1846 für Chor und Orchester); *Prière du matin* für Kinderchor (Text: Alphonse de Lamartine; komp. um 1848); *La belle Isabeau* (Text: Alexandre Dumas; komp. um 1844); *Le Chasseur danois* (Text: Adolphe de Leuven; komp. um 1844, orchestriert 1845)
1851 publiziert	*Vox populi* für Chor und Orchester: *La menace des Francs* für Doppelchor; *Hymne à la France* (Text: Auguste Barbier; komp. 1844)
1852	*Le corsair*, Ouverture (vorausgehende Fassungen: 1831, 1844)
1854	*L'enfance du Christ, Trilogie sacré* (Text: Berlioz) (Soli, Chor, Orchester)
1854	*L'Impériale*, Kantate für Doppelchor (Text: Lafont)
1856–1859	*Les Troyens*, Oper (Text: Berlioz) (später: Umarbeitungen)
1860–1862	*Béatrice et Bénédict*, Oper (Text: Berlioz)

LITERATURHINWEISE

1. Schriften und Briefe von Hector Berlioz

a) Ausgaben in der Originalsprache

Schriften
Grand traité d'instrumentation et d'orchestration modernes. Paris 1843
Voyage musical en Allemagne et en Italie. 2 Bde. Paris 1844
Les soirées de l'orchestre. Paris 1852
Les grotesques de la musique. Paris 1859
À travers chants. Paris 1862
Mémoires. Paris 1870
Les musiciens et la musique. Paris 1903
Neueste Ausgaben: Mémoires. Hg. von P. CITRON. 2 Bde. Paris 1969 – Œuvres
littéraires. Édition du centenaire; bis 1976 erschienen: Les soirées de l'orchestre.
Hg. von L. GUICHARD. Paris 1968 – Les grotesques de la musique. Hg. von dems.
Paris 1969 – À travers chants. Hg. von dems. Paris 1971

Briefe
Correspondance inédite. Hg. von D. BERNARD. Paris 1879
Lettres intimes. Paris 1882
Briefe von Hector Berlioz an die Fürstin Carolyne von Sayn-Wittgenstein. Hg.
von LA MARA. Leipzig 1903
Une page d'amour romantique: Lettres à Mme. Estelle F. Paris 1903
Les années romantiques (1819–1842). Hg. von J. TIERSOT. Paris 1904
Le musicien errant (1842–1852). Hg. von dems. Paris 1919
Au milieu de chemin (1852–1855). Hg. von dems. Paris 1930
Neueste Ausgabe: Correspondance générale. Hg. von P. CITRON; bis 1976 er-
schienen: Bd. I (1803–1932). Paris 1972; Bd. II (1832–1842). Paris 1975

b) Deutsche Übersetzungen (Auswahl)
Literarische Werke. 10 Bde. in 5. Leipzig 1903 (Bd. 1–2 Memoiren; Bd. 3 Vertrau-
te Briefe [= Lettres intimes, dt.]; Bd. 4 Neue Briefe [= Correspondance inédite,
dt.]; Bd. 5 Ideale Freundschaft und Romantische Liebe [= Briefe ... an ...
Wittgenstein, Une page d'amour ..., dt.]; Bd. 6 Musikalische Streifzüge [= À
travers chants, dt.]; Bd. 7 Groteske Musikantengeschichten [= Les grotesques de
la musique, dt.]; Bd. 8 Abendunterhaltungen im Orchester [= Les soirées de
l'orchestre, dt.]; Bd. 9 Die Musiker und die Musik [= Les musiciens et la
musique, dt.]; Bd. 10 Große Instrumentationslehre [= Grand traité..., dt.])
Instrumentationslehre von Hector Berlioz, ergänzt und revidiert von RICHARD
STRAUSS. 2 Bde. Leipzig 1905 (Reprint 1955)
Memoiren, Leipzig 1967 (= Reclams Universal-Bibliothek 340; gekürzt)
Die wegen ihrer Fülle an Kommentaren derzeit instruktivste Ausgabe der «Mé-
moires» ist die englische Übersetzung von D. Cairns (The Memoirs of Hector
Berlioz. London 1969, Taschenbuchausgabe London 1970).

2. Schriften über Berlioz (Auswahl)

a) Gesamtdarstellungen

J. Tiersot: Hector Berlioz et la société de son temps. Paris 1904

A. Boschot: Une vie romantique: Hector Berlioz, Paris 1920; dt. als: Das romantische Leben Hector Berlioz'. Zürich und Leipzig 1933

G. de Pourtalès: Berlioz et l'Europe Romantique, Paris 1939; dt. als: Phantastische Symphonie. München 1940

J. Barzun: Berlioz and the Romantic Century. 2 Bde. New York 1950

H. Kühner: Hector Berlioz. Charakter und Schöpfertum. Olten und Freiburg 1952

C. Ballif: Berlioz. Paris 1969

b) Über musikalische Werke

H. Bartenstein: Hector Berlioz' Instrumentationskunst und ihre geschichtlichen Grundlagen. Strasbourg 1939 – ²Baden-Baden 1974

H. Macdonald: Berlioz's Self-Borrowings. In: Proceedings of the Royal Musical Association 92 (1965/1966)

Ders., Berlioz Orchestral Music. London 1969 (BBC Music Guides)

Hector Berlioz, Fantastic Symphony. Hg. von E. T. Cone (mit Analysen und Kommentaren). London 1971

N. Temperley: The Symphonie Fantastique and its Program. In: The Musical Quarterly 57 (1971)

A. E. F. Dickinson: The Music of Berlioz. London 1972

R. Bockholdt: Die idée fixe der Phantastischen Symphonie. In: Archiv für Musikwissenschaft 30 (1973)

B. Primmer: The Berlioz Style. Oxford 1973

W. Dömling: Die Symphonie fantastique und Berlioz' Auffassung von Programmusik. In: Die Musikforschung 28 (1975)

H. Kühn: Antike Massen. Zu einigen Motiven in Les Troyens von Hector Berlioz. In: Festschrift Anna Amalie Abert. Tutzing 1975

c) Allgemeines

O. Fouque: Les révolutionnaires de la musique. Paris 1882

L. Guichard: Berlioz et Heine. In: Revue de littérature comparée 41 (1967)

Berlioz and the Romantic Imagination. London 1969 (Ausstellungskatalog)

Bibliothèque Nationale: Hector Berlioz. Paris 1969 (Ausstellungskatalog)

C. Dahlhaus: Wagners Berlioz-Kritik und die Ästhetik des Häßlichen. In: Festschrift Arno Volk. Köln 1974

DISKOGRAPHIE

Das folgende Verzeichnis, alphabetisch nach Werktiteln geordnet, nennt eine Auswahl der – vorzugsweise auf dem deutschen Markt erhältlichen – Schallplatten mit Musik von Hector Berlioz, soweit sie mir bekannt waren. Gibt es mehrere Einspielungen desselben Werkes, so führe ich zuerst diejenige (oder diejenigen) an, denen ich den Vorzug gebe. (Es versteht sich, daß die Vergleichbarkeit künstlerischer Leistungen begrenzt, eine «Vergabe» von «Plätzen» daher fragwürdig ist; daß Rangurteile über Interpretationen allenfalls in ausführlicher Kritik – für die hier der Raum fehlt – begründet werden könnten.) Das Datum der Aufnahme bzw. der Erstveröffentlichung wird angegeben, sofern es dem Impressum der Schallplatte o. ä. zu entnehmen ist. – Mehreren Schallplattenfirmen danke ich für die generöse Überlassung von Besprechungsexemplaren.

Béatrice et Bénédict
Veasey, Cantelo, Watts, Mitchinson, Cameron, Shirley-Quirk, Shilling; St. Anthony Singers; London Symphony Orchestra; Colin Davis (nur die Musiknummern, ohne die Dialoge); 1963. Decca.

Benvenuto Cellini
Gedda, Bastin, Massard, Soyer, Eda-Pierre, Berbié u. a.; Royal Opera House Covent Garden Chorus; BBC Symphony Orchestra; Colin Davis; 1972. Philips.

La damnation de Faust
Veasey, Gedda, Bastin, Van Allan; London Symphony Orchestra and Chorus; Colin Davis; 1973. Philips. – Baker, Gedda, Bacquier, Thau; Chœurs du Théâtre National de l'Opéra; Orchestre de Paris; Georges Prêtre; 1974. EMI Electrola. – Mathis, Burrows, McIntrye, Paul; Tanglewood Festival Chorus; Boston Symphony Orchestra; Seiji Ozawa; 1974. DGG.

L'enfance du Christ
Valletti, Kopleff, Souzay, Tozzi; New England Conservatory Chorus; Boston Symphony Orchestra; Charles Münch; 1966. RCA-Victrola.

Harold en Italie
Barshai; Sinfonieorchester der Moskauer Staatlichen Philharmonie; David Oistrach. Melodia/Ariola-Eurodisc. – Imai; London Symphony Orchestra; Colin Davis; 1975. Philips. – Cooley; NBC Symphony Orchestra; Arturo Toscanini; 1953. RCA. – Primrose; Boston Symphony Orchestra; Charles Münch; 1958. RCA-Victrola. – Menuhin; Philharmonia Orchestra London; Colin Davis; 1963. EMI Electrola.

Lélio
Barrault; Mitchinson, Shirley-Quirk; London Symphony Orchestra and Chorus; Pierre Boulez. Columbia. – Topard; Gedda, Burles, Van Gorp; Chœurs et Orchestre National de l'ORTF; Jean Martinon; 1975. EMI Electrola.

Les nuits d'été
Armstrong, Veasey, Patterson, Shirley-Quirk; London Symphony Orchestra;

Colin Davis (zusammen mit sämtlichen übrigen Orchesterliedern); 1969. Philips. Und: Baker; New Philharmonic Orchestra London; Sir John Barbirolli. EMI Electrola.

Ouvertüren
London Symphony Orchestra; Colin Davis (Le Roi Lear; Les Francs-Juges; Le Carnaval Romain; Waverley; Le Corsair). Philips. – Orchestre de la Conservatoire Paris; Jean Martinon (Le Carnaval Romain; Ouverture Benvenuto Cellini; Rákóczy-Marsch; Ouverture Béatrice et Bénédict; Le Corsair). Decca.

Requiem
Simoneau; New England Conservatory Chorus; Boston Symphony Orchestra; Charles Münch; 1959. RCA-Victrola. – Dowd; London Symphony Orchestra and Chorus; Colin Davis; 1970. Philips. – Schreier; Chor und Symphonieorchester des Bayerischen Rundfunks; Charles Münch; 1968. DGG. – Tear; City of Bormingham Symphony Chorus and Orchestra; Louis Frémaux. EMI Electrola.

Roméo et Juliette
Elias, Valetti; New England Conservatory Chorus; Boston Symphony Orchestra; Charles Münch. RCA-Victrola. – Kern, Tear, Shirley-Quirk; John Alldis Choir; London Symphony Orchestra and Chorus; Colin Davis. Philips. – Swarthout, Garris, Moscona; NBC Symphony Orchestra und Chor; Arturo Toscanini; 1947. RCA. – Ludwig, Sénéchal, Ghiaurov; Solisten der Chœurs de l'ORTF; Chor der Wiener Staatsoper; Wiener Philharmoniker; Lorin Maazel; 1973. Decca.

Symphonie fantastique
Von den zahlreichen Aufnahmen möchte ich hervorheben: Orchestre des Concerts Lamoureux Paris, Igor Markevitch, 1962 (DGG); Berliner Philharmoniker, Herbert von Karajan, 1975 (DGG); Concertgebouw-Orchester Amsterdam, Colin Davis, 1974 (Philips); Boston Symphony Orchestra, Charles Münch, 1962 (RCA-Victrola).

Symphonie funèbre et triomphale
John Alldis Choir; London Symphony Orchestra; Colin Davis; 1969. Philips.

Te deum
Tagliavini; London Symphony Orchestra and Chorus; Colin Davis (ohne Marche pour la présentation des drapeaux); 1969. Philips.

Les Troyens
Vickers, Veasey, Lindholm u. a.; Royal Opera House Covent Garden Orchestra and Chorus; Colin Davis; 1970. Philips.

NAMENREGISTER

Die kursiv gesetzten Zahlen bezeichnen die Abbildungen

Ambros, August Wilhelm 76, 85
Arnim, Bettina von 97
Auber, Daniel François Esprit 58, 81

Bach, Johann Christoph Friedrich 108
Bach, Johann Sebastian 7, 80
Baillot, Pierre Marie François de Sales 58
Balakirew, Milij A. 128
Balzac, Honoré de 57, 88, 102, *89*
Bandinelli, Baccio 62
Barbier, Auguste 62
Beethoven, Ludwig van 17, 21 f, 24, 31, 38, 40, 50, 51, 52, 53, 67, 68, 72, 81, 88, 92, 123, 125, 128
Bellini, Vincenzo 58, 68
Bénazet, Édouard 118, 119, 128, *119*
Béranger, Pierre-Jean 57
Berio, Luciano 8
Berlioz, Adèle 10, 50, 59, 61, 118, 133, *12*
Berlioz, Louis 61, 105, 128, 133, *132*
Berlioz, Louis-Joseph 8 f, 12, 14, 16, 17, 51, 53, 79, 82, 102, *9*
Berlioz, Marguerite-Anne-Louise 10, 102, *12*
Berlioz, Marie-Antoinette-Joséphine 9, 10, 17
Bernard, D. 143
Bertin, Armand 53, 54
Blanqui, Louis-Auguste 57
Boieldieu, François-Adrien 19, 31
Bonaparte, Jérôme 76
Bonaparte, Napoléon s. u. Napoleon I.
Boulez, Pierre 20
Brahms, Johannes 7, 97, *99*
Brockhaus, H. A. Anm. 230
Bruckner, Anton 7, 40, 118
Bülow, Hans von 62 f, 97; Anm. 155, 400
Bürger, Gottfried August 106
Byron, George Gordon Lord 7, 34, 40, 47, 67, *67*

Cage, John 8
Cairns, D. Anm. 404
Castil-Blaze, François 20
Cellini, Benvenuto 62
Chateaubriand, François-René Vicomte de 7, 9, 29, 34, 41, 57, 125, *35*
Cherubini, Luigi 24, 30, 59, 60, *26*
Chopin, Frédéric 58, 59, 102
Citron, P. 143
Clemens VII., Papst 62
Constant de Rebecque, Henri Benjamin 113
Cornelius, Peter 94, 96, 97; Anm. 270
Corot, Camille 57
Courbet, Gustave 57
Cui, Cesar A. 128
Czerny, Carl *85*

Damremont, Charles Comte de 59
Daumier, Honoré 57
David, Félicien 82
David, Ferdinand 78
David, Jacques-Louis 117
Debussy, Claude 20, 26
Delacroix, Eugène 20, 32, 57, 98
Deschamps, Antony 59
Diderot, Denis 110
Donizetti, Gaetano 44, 58, 84
Doré, Gustave 98
Dreyschock, Alexander 86
Dubœuf, Estelle s. u. Estelle Fornier
Duc, Joseph-Louis 109
Dumas, Adolphe 81
Duponchel 54, 98
Duprez, Gilbert 111, *112*

Eckermann, Johann Peter 34

Ferrand, Humbert 29, 31, 55, 61, 64, 75, 91, 97, 133, 134 f
Fétis, François-Joseph 31, 50, *49*
Fieschi, Giuseppe 59
Flaubert, Gustave 127

Florian, Jean-Pierre Claris de 10
Fornier, Estelle 10 f, 105, 125 f, 130, *126*
Fourier, Charles 57
Franconi 82
Friedrich Wilhelm IV., König von Preußen 80, 90, *93*
Friedrich Wilhelm Konstantin, Fürst von Hohenlohe-Hechingen 76, 128

Gandonnière, Almire 106
Garrick, David 68
Gasparin, Adrien Comte de 59
Gautier, Théophile 32, 53, 57, 110; Anm. 402
Georg V., König von Hannover 97
Glinka, Michail I. 82, 90; Anm. 230; *83*
Gluck, Christoph Willibald Ritter von 14, 17 f, 24, 71, 81, 84, 117 f, 128, 130 f, *16*
Goethe, Johann Wolfgang von 32 f, 76, 86, 97, 106
Gounet, Thomas 59
Gounod, Charles 98
Grabbe, Christian Dietrich 40
Gregor-Dellin, Martin Anm. 131
Griepenkerl, Friedrich Conrad 79
Griepenkerl, Wolfgang Robert 79; Anm. 399
Guichard, L. 143; Anm. 350
Guizot, François 57

Habeneck, François Antoine 21 f, 31, 49, 60, *22*
Halévy, Fromental 58, 81
Hallé, Charles 53
Hanslick, Eduard 76, 85 f, 124; Anm. 195, 239
Haydn, Joseph 14
Heine, Ferdinand 120
Heine, Heinrich 40, 70 f, 75, 76, 86, 113; Anm. 171
Hellmesberger, Joseph 128
Herbeck, Johann Ritter von 128
Herder, Johann Gottfried von 108
Hiller, Ferdinand 59, 76; Anm. 194, 403

Hoffmann, Ernst Theodor Amadeus 113
Hoffmann von Fallersleben, August Heinrich 96
Hugo, Victor 20, 21, 32, 34, 40, 54, 57, 59, 98, 99 f

Ingres, Jean-Auguste-Dominique 20, *132*
Ives, Charles 8

Jullien, Louis-Antoine 91, 121

Kapp, J. Anm. 343, 347, 389
Kemble, Richard 32, *33*
Kennedy, M. Anm. 114
Kreisig, Martin Anm. 68

La Mara (Marie Lipsius) 143; Anm. 276
Lamartine, Alphonse de 57
Legouvé, Ernest 54; Anm. 404
Lenz, Wilhelm von 88
Le Sueur, Jean-François 17, 23 f, 29, *25*
Lind, Jenny 113
Liszt, Franz 7, 8, 31, 32, 38, 40, 50, 53, 58, 59, 63, 64, 81, 86, 92 f, 97, 105, 106, 109, 112, 114, 120, 121, 127, 133; Anm. 65, 67, 158; *30, 85*
Louis-Napoléon, Prinz s. u. Napoleon III.
Louis-Philippe, König der Franzosen 56 f, *56*
Ludwig XVI., König von Frankreich 24
Lwow, Alexej L. 90, 99

Macpherson, James 24
Mahler, Gustav 8, 14, 38, 39, 72
Mann, M. Anm. 171
Martin, John 70
Martin, Marie s. u. Marie Recio
Marmion, Félix 10
Masson 29
de' Medici, Cosimo I., Herzog von Florenz und Großherzog von Toscana 62
Méhul, Étienne Nicolas 18

Mendelssohn Bartholdy, Felix 7, 41 f,
44, 76 f, 80, 88, 92; Anm. 83; 43
Metternich, Clemens Lothar Wenzel
Fürst von 85
Meyerbeer, Giacomo 31, 54, 58, 59,
79, 80, 81, 91, 98, 112, 113, 125, 55
Michelangelo Buonarroti 12, 70
Milanollo, Maria 76
Milanollo, Teresa 76
Moke, Camille 12, 32, 42, 47, 110, 45
Mönch, W. Anm. 28
Moore, Thomas 32, 34
Mortier, Édouard 59
Mozart, Wolfgang Amadé 92
Musil, Robert 112

Napoleon I., Kaiser der Franzosen 9,
10, 24, 57, 74, 78, 27
Napoleon III., Kaiser der Franzosen
57, 99 f, 133, 100
Nerval, Gérard de 32, 57, 59, 106

d'Ortigue, Joseph 59, 84, 120

Paganini, Achille 52
Paganini, Niccolò 50 f, 58, 59, 64 f,
52
Palestrina, Giovanni Pierluigi da 41
Pfitzner, Hans 8
Philipon, Charles 57
Pleyel, Camille 32, 42
Pohl, Richard 128
Prod'homme, J.-G. Anm. 398
Proudhon, Pierre-Joseph 57

Quincey, Thomas de 34

Raff, Joachim 96
Recio, Marie 61, 76, 83, 105, 133,
104
Reicha, Antonín 24
Reißiger, Carl Gottlieb 78
Romberg, Heinrich 88
Roqueplan 98
Rossini, Gioacchino Antonio 19 f, 44,
58, 59, 81, 18
Rothschild, Baron 52

Saint-Saëns, Camille Anm. 406
Salieri, Antonio 17

Sand, George 20, 57
Satie, Erik 8
Saurin 29
Sayn-Wittgenstein, Carolyne Fürstin
von 92, 114, 118, 96
Schiller, Friedrich 76, 86
Schlesinger, Maurice 58
Schönberg, Arnold 8, 18
Schreker, Franz 8
Schröder-Devrient, Wilhelmine 80
Schubert, Franz 7
Schumann, Robert 7, 8, 32, 40, 53, 78,
120, 125; Anm. 68; 79
Scribe, Eugène 54, 98
Shakespeare, William 21, 22, 30, 32,
34, 69, 106, 114 f, 118 f, 133
Sieburg, Friedrich 57
Signol, Émile 41
Smithson, Harriet 12, 30 f, 32, 47,
49 f, 61, 76, 105, 125, 133, 33, 51
Spontini, Gaspare 17, 18, 30, 31, 81,
102, 113, 118, 19
Stassow, Wladimir W. 128, 135, 130
Steinway, Henry E. 130
Stendhal 32, 41, 57
Strauss, Isaac 81, 82
Strauss, Richard 7, 8, 40, 82
Strauß, Johann 84

Tasso, Torquato 27
Thalberg, Sigismund 58
Thiers, Adolphe 54
Tiersot, J. 143
Tomaschek, Wenzel Johann 86
Tschaikowsky, Peter I. 128

Vergil 10, 12, 24, 32, 114 f
Vieuxtemps, Henri 58
Vigny, Alfred Comte de 32, 57, 59
Voltaire 34

Wagner, Richard 7, 8, 14, 58, 62, 79,
102, 117, 120 f, 127, 133; Anm.
131, 340, 351; 122, 124
Wailly, Léon de 62
Weber, Carl Maria von 17, 20 f, 23,
81, 21
Weigl, Joseph 85

Zelter, Carl Friedrich 34

ÜBER DEN AUTOR

WOLFGANG DÖMLING, geboren 1938 in München, studierte Musikwissenschaft und Kunstgeschichte in München, Zürich, Göttingen und ist seit 1971 Dozent für Musikwissenschaft an der Universität Hamburg. Er publizierte bisher vorwiegend über Musik des Mittelalters, Musik des 19. und 20. Jahrhunderts und über Methodenprobleme der Musikgeschichtsschreibung.

QUELLENNACHWEIS DER ABBILDUNGEN

Musée Berlioz, La Côte Saint-André: 9, 13 / Slg. Joseph Laforge, Mas de la Doux: 10/11 / Slg. Chapet, Paris: 12 / The British Museum, London: 14/15, 84 / Royal College of Music, London: 16 / Ehem. Nationalgalerie, Berlin: 21 / Slg. André Meyer, Paris: 23 / The Trustees of the Earl of Sandwich's 1943 Settlement: 27 / Musée du Louvre, Paris: 26, 28, 52 / Slg. Feilchenfeldt, Zürich: 30 / Museum Saint-Malo: 35 / Bibliothèque Nationale, Paris: 36, 39, 64, 66, 107, 112, 117 / Slg. Reboul-Berlioz, Paris: 46 / Richard Macnutt Collection, Tunbridge Wells: 48 / National Portrait Gallery, London: 69 / Bibliothèque Spoelberch de Lovenjoul, Chantilly 90 / Victoria and Albert Museum, London: 92/93 / Slg. Sarah C. Fenderson, Cambridge (Mass.): 95, 115 / Archiv für Kunst und Geschichte, Berlin: 134/135.